Le jardin nocturne d'Hermann Hesse

Approches littéraires
Collection dirigée par Maguy Albet

Dernières parutions

Magda IBRAHIM, *Le personnage de Charlotte dans* Le Testament français *(1995) d'Andreï Makine*, 2015.
Claire CARLUT, *Entre Poésie et Philosophie : l'œuvre de Christian Bobin*, 2015.
Jean-Philippe PETTINOTTO, *À Marguerite Duras : L'écriture comme un fleuve asiatique, Représentation narrative de la vie familiale dans les œuvres de l'auteur*, 2015.
Petra KUBÍNYIOVÁ, *À la recherche de l'identité dans l'œuvre de Frédérick Tristan*, 2015.
Ramona MIELUSEL, *Langue, espace et (re)composition identitaire dans les œuvres de Mehdi Charef, Tony Gatlif et Farid Boudjellal*, 2015.
Rafik DARRAGI, *Hédi Bouraoui. La parole autre. L'homme et l'œuvre*, 2015.
Youssef ABOUALI, *Yasmina Khadra ou la recherche de la vérite,* 2013.
Zohir EL MOSTAFA, *Hommages à Driss Chraibi,* 2013.
Mokhtar ATALLAH, *Études littéraires algériennes*, 2012.
Sous la direction de Mokhtar ATALLAH, *Le Culte du Moi dans la littérature francophone,* 2012.
CALISTO, *Lou Andreas-Salomé ou le paradoxe de l'écriture de soi,* 2012.
Florence CHARRIER, *Le Procès de l'excès chez Queneau et Bataille*, 2012.
Mansour DRAME, *Poésie de la négritude*, 2012.
Mamadou Abdoulaye LY, *La Théâtralité dans les romans d'André Malraux*, 2012.
Dominique VAL-ZIENTA, Les Misérables*, l'Évangile selon « saint Hugo » ?*, 2012.
Yannick TORLINI, *Ghérasim Luca, le poète de la voix*, 2011.

Claude Herzfeld

Le jardin nocturne d'Hermann Hesse

L'Harmattan

Ouvrages du même auteur

*Alain-Fournier, « Le Grand Meaulnes »,*Nizet, 1976.
Le « Dominique » de Fromentin, Thèmes et structure, 1977.
« La Montagne magique », Facettes et fissures, 1977.
Alain-Fournier, *Le Grand Meaulnes*, édition critique, 1983.
*Les Formes de la rêverie dans l'œuvre d'Alain-Fournier. *Visage du « Grand Meaulnes » et figure du Trismégiste.* P.U. du Septentrion, Villeneuve d'Ascq, 1986.
*La Figure de Méduse dans l'œuvre d'Octave Mirbeau,*1992.
Mystères d'Alain-Fournier, Actes du colloque de Cerisy.
Le Monde imaginaire d'Octave Mirbeau, P.U. d'Angers- Société Octave Mirbeau, 2001.
La Littérature, dernier refuge du mythe ? L'Harmattan, 2007.
Jean Rouaud et le « trésor des humbles », L'Harmattan, 2007.
Les Problèmes de la jeunesse selon « L'Education sentimentale », L'Harmattan, 2008.
«L'Education sentimentale ». Minutie et intensité. L'Harmattan, 2008.
Vers « Le Grand Meaulnes ». L'Harmattan. 2008.
Octave Mirbeau, « Le Calvaire », étude du roman. L'Harmattan, 2008.
Octave Mirbeau, aspects de la vie et de l'œuvre. L'Harmattan, 2008.
Julien Gracq, préférences médiévales. L'Harmattan, 2008.
Georges Hyvernaud, les ressentiments fraternels. 2009
Charles-Louis Philippe entre Nietzsche et Dostoïevski. 2009.
*Paul Nizan, écrivain en liberté surveillé*e, 2010.
Thomas Mann et le mythe de Faust, L'Harmattan, 2011.
« Félix Krull », roman picaresque. L'Harmattan, 2011.
« Les Buddenbrook »,déclin et épanouissement. 2011.
Stendhal, « La Chartreuse de Parme ». Héroïsme et intimité. 2012.
Gérard de Nerval. L'Épanouissement du rêve. 2012.
Alain-Fournier, « Le Grand Meaulnes » ou le « bond dans le Paradis. 2013.
Imaginaire et politique. L'Harmattan, 2014
Le Grand Meaulnes. Thèmes et variations. L'Harmattan, 2014.

5-7, rue de l'Ecole-Polytechnique, 75005 Paris

http://www.harmattan.fr
diffusion.harmattan@wanadoo.fr
harmattan1@wanadoo.fr

ISBN : 978-2-343-06851-0
EAN : 9782343068510

« Le fleuve est partout
simultanément
à sa source
et à son embougure »

(*Siddharta*).

L'expression fleur bleue
« a purifié une nouvelle
génération de jeunes qui
remettra en honneur cette
émanation d'un rêve né dans
l'âme enthousiaste de leurs
malheureux prédécesseurs »

(Hermann Hesse, lettre de 1900).

ŒUVRES DE HERMANN HESSE ET SIGNIFICATION DES ABREVIATIONS

Calmann-Lévy : (C.L.)
Corti : (C)

Berthold, CL, 1977 (B).
La Bibliothèque universelle, C 1995 (B.U.).
Contes merveilleux, CL, 1992 (C.M.).
La Conversion de Casanova, CL, 1980 (C.C.).
Correspondance Hermann Hesse - Thomas Mann, C 1997(C).
Le Curiste, CL, 1995, (L.C.).
Damian, Stock, 1946 (D).
Le dernier été de Klingsor, CL (1920), 1978 (D.E.K.).
Description d'un paysage, C, 1994 (D.P.).
Enfance d'un magicien, CL, 1975 (E.M.).
Fiançailles, CL, 1986 (F).
Gertrude, CL, 1962 (G).
Histoires d'amour (6 histoires inédites sur 22), CL, 1997. (HA)
Le Jeu des perles de verres, CL, 1978, (J.P.V.).
Knulp, CL, 1981. (K)
Lauscher, CL, 1998. (L)
La leçon interrompue, CL, 1978 (L.I.).
Lecture minute, C, 1992 (L.M.).
Lettres (1900-1962), CL, 1981 (L).
Le Loup des steppes, CL, (1927), 1979 (L.S.).
Magie de livre, C, 1994, (M.L.).
Musique, C, 1997 (M).
Narcisse et Goldmund, CL (1930), 1979 (N.G.).
L'Ornière, CL, 1957. (O)
Peter Camenzind, CL, 1979 (Pe.).
Une petite ville d'autrefois, CL (1979 (P.V.A.).
Poèmes choisis, C, 1994 (P.C.).

Le Poème chinois, CL, 1982 (P. Ch).
Rosshalde, CL, 1978. (R).
Souvenirs d'un Européen, CL, 1988 (S.E.).
Le voyage à Nuremberg, CL, 1994 (V.N.).
Le voyage en Orient, CL, 1948 (V.O.).
Voyages en Italie, C, 1992 (V.I.).

Introduction

En 1955, Hermann Hesse faisait observer que « la notion même de nouvelle implique la participation de l'extraordinaire et du supra-quotidien » [1] à laquelle se reconnaît la vision archétypale : l'auteur ne se voit-il pas « constamment interpellé par quelque chose qui se dégage des forces primitives contenues dans la langue, par le génie mythique et magique de cette langue » ?[2] Dans le domaine de l'imaginaire, la création littéraire, par exemple, émergent les grands mythes et les archétypes. Selon Georges Cesbron, « l'étymologie du terme d'archétype suffit à marquer son importance en critique littéraire : le type ancien, premier, fondateur ». La notion d'archétype permet d'établir un modèle antécédent, prégnant et indélébile[3]. Rappelons que Hesse eut pour analyste le docteur Lang, disciple de Jung, qui lui a appris à descendre dans les profondeurs de son âme.

Déjà, dans *l'Amour et l'Occident,* publié en 1939, Denis de Rougemont faisait de l'histoire de Tristan et Iseut, l'archétype du mythe de l'amour moderne[4]. En 1961, dans *Les Mythes de l'amour*, le même auteur cite trois œuvres où « transparaît l'archétype de Tristan » : *Lolita, l'Homme sans qualités, Le Docteur Jivago*[5]. De son côté, Mircea Eliade affirme que si « le Mythe peut se dégrader en légende épique, en ballade ou en roman, ou encore survivre sous la forme amoindrie de 'superstitions',

---

[1] L, p. 197

[2] L, p. 201

[3] In R*echerches sur l'imaginaire,* Cahier XVII, Université d'Angers, 1987, p.9.

[4] « 10/18 », U.G.E., 1962.

[5] « Idée », Gallimard, 1967, p.53.

d'habitudes, de nostalgies, etc., il ne perd pas pour cela sa structure ni sa portée »[6]. Par exemple les souffrances du candidat à l'initiation survivent dans le récit des obstacles qui se dressent devant le héros épique ou dramatique. L'initiation ne touche-t-elle pas la question essentielle de la condition humaine ? « Lorsque les pratiques et les croyances sont abandonnées », l'initiation ressurgit et « s'exprime de façon plus ou moins voilée dans les œuvres littéraires »[7].

C'est de l'archétype que l'image reçoit sa valeur. Bachelard a montré que l'image, motivée, était symbolique. Et Gilbert Durand a établi une classification des images [8] qui, organisées par l'archétypc, sc rassemblent en faisceaux. Le recours à l'anthropologie, permet à Gilbert Durand d'affirmer que le symbole est le produit du psychique et de l'environnement technique et social. Considérant les symboles comme des réalités dynamiques, l'auteur trouve dans les réflexes de position, de nutrition et le réflexe sexuel, les fondements de deux registres principaux dans l'organisation des images : diurne et nocturne. Le régime diurne présente une structure antithétique : aux ténèbres s'opposent les images de la lumière alors que le régime nocturne se caractérise par l'euphémisme.

Les productions spontanées de l'imagination se concentrent pour donner naissance à des formulations de pensées qui s'offrent sous une forme dramatisée ou

---

[6] THR, p.361.

[7] Simone Vierne, *Rite, Roman, Initiation,* Presse Universitaires de Grenoble, 1973. Deuxième édition 1987, p.5.

[8] SAI.

personnifiée [9] : dès 1919, Herman Hesse se propose d'examiner et d'identifier tout ce qu'il avait naguère « rejeté mensongèrement ou passé sous silence, le chaos, la sauvagerie, les instincts, bref, tout (son) côté "mauvais" [10] , preuve du déclanchement du processus d'individuation. Et, en 1931, il peut se dire « l'homme du devenir et des métamorphoses [11] » : l'unification des opposés à un niveau supérieur est « processus psychique de développement qui s'exprime dans des symboles[12] ». Et la figure mythique qui donne son visage à l'œuvre de Hermann Hesse est celle d'Hermès[13].

C'est la *coincidentia oppositorum* que révélait cette peinture de Hermann Hesse préférée part l'ami Hindou dont il est question dans une lettre de 1922 : « Il en prit une avec des arbres et un pont et me dit qu'il choisissait celle-là parce que, comme lui, je connaissais et aimais les arbres, que je comprenais leur langage et parce que le pont symbolisait à ses yeux la liaison entre l'Est et l'Ouest[14].

---

[9] Cf. C.G. Jung, *Commentaire sur le Mystère de la Fleur d'Or,* Albin Michel, 1979, p.39.

[10] 1919 (L, p. 34-35). – « Tous (les) instincts dangereux sont là, ils existent toujours (...) Et chacun de ces instincts est bon en soi (...) mais chaque époque, chaque culture, a des instincts qu'elle redoute, qu'elle rejette plus que d'autres » (L.M., p. 77). – Lorsqu'une culture (...) commence à vaciller, les hommes (...) deviennent bizarres hystériques, ont des envies étranges (L.M., p. 78) - J'ai dû livrer en moi-même de sanglantes batailles contre tout ce qui n'était pas libéré (...) car il a longtemps que je ne crois plus au bien et au mal (H.H.M., p. 244). – Hesse découvre Abraxas, cette divinité de la fusion avec l'univers qui soude au visage de Dieu celui de Satan (H.H.M., p. 232).

[11] Le 4 mai 1931 (L). « Nombreux (étaient) ceux qui prenaient (Anselme) pour un magicien » (C.M , p. 142).

[12] Jung, op. cit., ibid. – B. Lévy met en relief "Le relativisme culturel qui marque l'ambiance de la maisonnée familiale » (H H, p. 10).

[13] Cf. Gilbert Durand, *Figures mythiques et visages de l'œuvre*, Berg International, 1979.

[14] 29 août 1922 (L, p. 41).

Romans et nouvelles de Hermann Hesse fournissent une excellente illustration du retour d'Hermès au XXe siècle dans la mesure où ils constituent « un trait d'union entre le monde oriental et occidental »[15].

[15] Alain Grosrey.

I. LA TOUR

Selon le registre diurne de l'imaginaire, celui de l'antithèse, les images d'angoisse s'opposent aux images de lumière et d'ascension. La répugnance devant l'agitation désordonnée traduit une angoisse devant le changement. Le monde de l'enfance est enténébré de cauchemars : « Le désarroi et le trouble de notre âme se reflètent sur le monde environnant et le défigurent »[16]. Dans « Le Colporteur » (1900), « l'obscurité croissante, et, au cœur de la forêt, le grouillement des ombres, étrangement bleuâtre et confus » pèsent lourdement sur un cœur de onze ans. L'Ogre incarne des fantasmes affreux : « Je voyais le colporteur plonger la main dans sa grande poche et en retirer de longs couteaux bien affilés, tandis qu'un sortilège me clouait sur place, et que, mort de frayeur, je sentais mes cheveux se dresser sur ma tête ». L'heure crépusculaire est valorisée négativement : l'enfant hâte le pas « car c'était déjà le soir » : « l'obscurité s'épaississait fortement sur la route et la forêt, déjà sombre ordinairement, devenait toujours plus dense et hostile »[17]. Entre chien et loup.

Kronos, Kali, l'Ogre, monstres dévorants, incarnent tous les fantasmes affreux. L'ambiance terrifiante semble motivée « par cet archétype si important, cet abstrait si négativement valorisé chez l'homme et qui constitue les ténèbres »[18]. On se fait des idées noires : la vision ténébreuse est toujours une réaction dépressive ; une seule tache noire, « intimement complexe dès qu'elle est rêvée dans ses profondeurs suffit à nous mettre en situation de

---

[16] « Âme d'enfant », in D.E.K., p. 54 – La violence de l'angoisse se traduit par la fuite rapide : « la tempête chassait avec superbe sur des chevaux fantômes géants » (C.M.,. p. 101).

[17] In S.E., p. 19.

[18] S.A.I., p. 97.

ténèbres »[19]. L'approche de l'heure crépusculaire fait naître cette dépression que l'homme partage avec les animaux. La venue de la nuit s'accompagne de désenchantement : « Le lac était aussi calme, la musique aussi gaie, les lanternes de papier brillaient sur la fête aussi rouges qu'auparavant, mais tout cela maintenant me semblait stupide et ridicule »[20].

Mircea Eliade explique : « Le temps est "noir" parce qu'il est irrationnel, dur sans pitié »[21]. Les ténèbres nocturnes constituent le premier symbole du temps : la racine indo-européenne qui désigne la lune est *me*, qui donne en sanscrit *mâmi*, = « je mesure »[22].

La nuit « vient ramasser dans sa puissance maléfique toutes les valorisations négatives précédentes »[23]. Et, les ténèbres entraînant la cécité, se profile l'inquiétante figure de l'aveugle : « Depuis l'Eros-Cupidon aux yeux bandés précurseur de nos modernes libido, jusqu'à ce vieux Roi qui constelle le folklore de tous les pays en passant par le si célèbre et terrible Œdipe, la partie profonde de la conscience s'incarne dans le personnage aveugle de la

---

[19] T.R.R., p. 76.

[20] Pe., p. 88. – « Le monde alors ne reposait plus sur la bonté et la lumière issues du cœur de Dieu, mais sur l'obscurité et la souffrance, le mal et les ténèbres (C.M., p. 28).

[21] T.H.R., p. 139.

[22] T.H.R., p. 139. – « La lune est l'instrument de mesure universel. Toute la terminologie relative à la lune dans les langues indo-européennes dérive de cette racine : *mâs* (sanscrit), *mâh* (avestique), *mah* (vieux prussien), *menu* (lithuanien), *mêna* (gotique), *mensis* (latin). Les Germains mesuraient le temps d'après la nuit (Tacite, Germania, II). Des vertiges de cette mesure archaïque se sont également conservés dans les traditions populaires européennes ; certaines fêtes sont célébrées de nuit, par exemple la nuit de Noël, de Pâques, de Pentecôte, de Saint-Jean, etc. » (p. 139-140).

[23] S.A.I., p. 99.

légende [24] . » Dans *Mon camarade Martin* (1949), le narrateur fait le constat suivant : « Quel embarras singulier et humiliant ne ressentons-nous pas à chaque confrontation avec notre vie secrète, avec ces forces qui se jouent de notre raison, de notre conscience et de notre mémoire, qui exercent leur dictature sur notre faculté de nous souvenir ou d'oublier »[25].

Les poètes ont été sensibles « à cet aspect nocturne, aveugle et inquiétant que revêt la doublure inconsciente de l'âme »[26]. La « bête noire » n'est que le versant ténébreux de la personne : « Il affecte de mépriser tous ceux qui sont heureux, mais ce n'est là que la haine envers lui-même, parce que rien ne peut lui apporter le bonheur »[27].

Le symbolisme du miroir mène à la dissociation et à la féminité redoutable : « Son amour, dont il pensait être si sûr quelques instants auparavant, se trouvait dissocié et partagé en deux moitiés, exactement comme l'image de la jeune fille qui sous ses yeux s'était dédoublé d'une manière si inattendue et si inquiétante »[28]. Mais s'il n'est bon pour personne de découvrir « le miracle de l'amour » d'une manière « frelatée »[29], il reste que la Femme fatale

---

[24] Ibid., p.101.

[25] In L.I., p. 168.

[26] S.A.I., p. 102. – L'eau est « le premier miroir dormant et sombre ». La première qualité de l'eau sombre est son « caractère héraclitéen » (ibid., p. 103-104). La chevelure est liée à l'eau noire : le fleuve (nocturne, obscur C.M., p. 31) descendait des montagnes, sombre et sauvage, en destructeur titubant (…) ; dans ses ondes et ses plantes aquatiques vertes aux longues chevelures flottantes, il berçait en souriant les corps blanchis des noyés » (C.M., p. 28).

[27] G. 1910, p. 62.

[28] B., 1907, p.232.

[29] Ibid., p. 59. – La « Vamp » fatale allie à « une apparence charmante une foncière cruauté et une grande dépravation » (S.A.I., p. 114). Elle est liée à l'eau néfaste, à la lune noire et aux menstrues. L'Odyssée

et dépravée ne saurait être ignorée : le peintre doit fixer les traits de la femme, « non pas sous son apparence présente, mais bien plutôt après l'éveil douloureux de sa sensualité, non sous l'aspect d'une petite vierge, mais sous celui d'une Madeleine »[30].

La chute, expérience fondamentale du temps néfaste et mortel, est euphémisée en chute morale. Pour ce faire, elle est sexualisée et moralisée sous forme de punition : « Pierre était désormais très loin, dans un autre univers ; il se mouvait, la gorge en feu, dans une vallée infernale »[31].

---

tout entière est « une épopée sur les périls de l'onde comme de la féminité (ibid., p. 115).- Parce qu'elles sont « soumises aux rythmes (pluie, marée), et parce qu'elles sont germinatives, les eaux sont commandées par la lune » (T.H.R., p. 143). « La lune est dans les eaux » (*Ait락arya Brâhmana,* VII, 28, 15) sont deux leitmotive de la spéculation indienne (Rig Veda, I, 105, 1). Ardvisûra Anâhitâ, déesse iranienne des eux, était aussi une déesse lunaire (id.).

30 N.G., p. 202. – Jung cerne « le type d'intellectuels dont Harry Haller se réclame » (H.H., p. 112). Ils maîtrisent leur pensée, mais « redoutent leur fonction intérieure, leurs sentiments, leurs passions » (ibid.). Ils ont toute chance de jeter leur dévolu des femmes fatales : « Le professeur de l'Ange Bleu, qui s'éprend de l'actrice de cabaret incarnée par Mylène Dietrich, remplit parfaitement ce rôle » (ibid.). Harry est-il cet intellectuel et Hermine, cette « vamp » ? « C'est une interprétation possible, qu'il conviendrait toutefois de compléter par la théorie jungienne » (ibid.) de l'*amimus* et de l'*amima.* Entre Harry et Hermine, la relation physique a du mal a s'engager : « Ici intervient la nécessité d'immixtion d'une personne tierce, soit Maria, soit Pablo » (ibid., p. 125).

31 R., 1914, p. 303. – L'odorat renforce le caractère néfaste de la cavité : « Tout avait le goût et l'odeur des choses dont on est saturé depuis longtemps jusqu'à la nausée (C.M., p. 90).L'eau stymphalisée est sur la voie de l'euphémisation : « les eaux sommeillaient dans de sombres grottes (…) les cristaux millénaires se formaient lentement et consciencieusement jusqu'à la perfection» (C.M, p. 79).

Sans érotisation, toute chute reste « premier effroi, effroi dont le seul destin est d'être croissant »[32]. Il semble que le noir abîme efface tout et que finalement la chute n'ait qu'un contenu : le noir.[33] Il n'est pas d'issue terrestre pour l'amour de Tristan et Iseut : « Ce qu'ils aiment, c'est l'amour, c'est le fait même d'aimer »[34]. Au fond le plus secret de leur cœur, c'était « la volonté de la mort, la passion active de la nuit » qui leur dictait « ses décisions fatales »[35].

Au contraire, lorsque l'angoisse se double d'une inquiétude morale, le Destin est euphémisé. L'attitude héroïque grossit l'aspect ténébreux du Temps et « aiguise en secret les armes qui terrasseront le dragon » [36] . Contrepoints de la chute, les grands thèmes qui correspondent « aux grands gestes constitutifs des réflexes posturaux : verticalisation, vision, « tact manipulatoire »[37]. Des réflexes conditionnées « nous fond associer les valeurs d'élévation : la hauteur, la lumière et la paix »[38]. « Toute valorisation est verticalisation »[39]. La « haute et mince tour » du Palazzo Vecchio « est le vrai symbole d'une ville « où prédominent » la forme élancée marquée par une sérénité virile et une santé, une clarté austère »[40]. Un « magnifique couple de cyprès jumeaux deux troncs

---

[32] T.R.V., p. 300.
[33] Ibid., p. 400.
[34] Denis de Rougemont, *L'Amour et l'Occident*, Plon, 1939, p. 33.
[35] Ibid., p. 37.
[36] S.A.I. p. 135. – « Bien qu'il planât encore des ombres d'horreur dans les airs à la suite de cette catastrophe, (…) on sentait poindre néanmoins sur tous les visages (…) un souffle de joie et un air de fête impalpable (…) la certitude d'accomplir une œuvre nécessaire (…) faisai(t) déborder tous les cœurs (C.M., p. 36).
[37] Ibid., p. 136.
[38] A.S., p. 24.
[39] Ibid., p.18.
[40] V.I., p. 36.

qui partent d'une même racine, et dont la double cime, souple et touffue, noire et pointue se dresse vers le ciel »[41]. Bachelard revient souvent sur le « redressement » : « Se tenir droit dans un univers redressé, voilà le moi dans une métaphysique de la volonté représentée » ; l'ascension constitue le « voyage en soi », le voyage imaginaire le plus réel de tous dont rêve la nostalgie innée de la verticalisation pure, du désir d'évasion »[42].

On pense au « fuir d'ici » platonicien. La vraie passion du voyage est « sauvage, insatiable ». Nous sommes infiniment curieux de « connaître la mort, le dernier, l'événement le plus téméraire de cette existence »[43]. L'âme ressemble de très près à ce qui est « divin, immortel, intelligible, simple, indissociable, toujours le même et toujours semblable à lui-même (...). N'est-il pas naturel que le corps se dissolve rapidement et que l'âme au contraire soit absolument indissoluble ou à peu près ? »[44] Aussi l'âme aspire-t-elle à rejoindre le céleste séjour, « les constellations vraies »[45] ; la nature « a doué l'aile du pouvoir d'élever ce qui est pesant vers les hauteurs où habite la race des dieux »[46]. L'oiseau de Montagsdorf fait « beaucoup de rêves angoissés et éprouv(e) quelque chose comme un malaise ou une nostalgie de l'âme »[47]. Il laisse

---

[41] Ibid.

[42] T.R.V., p. 365.

[43] V.I., p. 250

[44] Platon, *Phédon,* 80 c, Garnier-Flammarion, 1965, p. 124.

[45] Platon, *République*, VII, 529 d, Les Belles Lettres, 1949.

[46] Platon; *Phèdre*, Garnier-Flammarion, 1964, p.125. – "Tu me retrouveras ici, dans la forêt, s'écria l'oiseau. Puis il bondit comme une flèche et disparut bientôt dans le bleu du ciel » (C.M., p. 42).

[47] Cf. L.I, p. 24. – Marie, la mère de Hermann, imaginait des récits « habités par une faune biblique : le lion du Paradis Terrestre et le chameau d'Eliézer y voisinaient avec les écureuils et les renards de la Forêt noire, tandis que le petit Moïse y dormait dans ses joncs et que l'oiseau de Montagsdorf, ce roitelet des légendes germaniques, y

le sentiment le plus noble et le plus exquis. Celui qui l'a rencontré se sent pour des journées entières « d'humeur étrange, pas vraiment joyeux, mais ému d'une façon toute particulière qui le rempli(t) de vagues espérances et de pressentiments »[48]. L'aile, « pure image spirituelle » ne trouve sa vie que dans l'imagination aérienne « comme centre des métaphores de l'air et de l'ascension »[49].

L'archétype profond de « la rêverie du vol n'est pas l'oiseau animal mais l'ange » [50] : « La voix légère, sublime, de Gertrude s'élevait très haut. C'était une voix de femme claire, haute, légère comme celle d'un oiseau[51]. » Isomorphisme de l'aile avec la pureté même : c'est l'amitié qui « conserva intacte en ma jeunesse la

---

surgissait avant de disparaître avec la rapidité de l'éclair » (H.H.M., p. 42). Elle puise « son inspiration partout, dans l'Histoire sainte ou dans les comptes de Grimm, captant les voix de la nature, les harmonies de la forêt, l'errance » ! (ibid.). La prédilection de Peter Camenzind pour les nuages « s'explique par leur mobilité, leur forme changeante, et surtout l'image immatérielle qui s'en dégage » (H.H., p. 60). « Tant le souffle du foehn que la course égarée et suspendue des nuages appelle cet onirisme dynamique, qui donne lieu à une amplification psychique » (ibid.) les nuages « sont enveloppés d'un manteau métaphysique par le poète ; en eux coule une vie immatérielle, douce et fuyante » (ibid., p. 61). Ambivalence du symbole : le nuage est « capable de gronder, d'anéantir, de souiller l'âme du monde » (ibid., p. 62) (« pessimiste sombre de Dostoïevski ») ; il peut « se dissiper et laisser libre champ à l'azur éthéré » (ibid.) (« optimisme d'azur et céleste Platon »). Dans deux poèmes, « Weisse Wolken » et « Wolken » (1899 et 1902), « les blancs nuages sont les sœurs des sans patrie » (ibid., p. 63).

[48] *L'Oiseau de Montagsdorf,* in F.S., p. 215.

[49] A.S., p. 104-103 « La poïétique de Hermann Hesse est associée aux rêves de l'air et de l'eau, élément qui échappe à la pesanteur terrestre » (H.H., p. 147).

[50] S.A.I., p. 148.

[51] G., p. 109-110.

fraîcheur de l'aube »[52], amitié « virile, joyeuse et pure »[53]. Remarquable constellation de l'élévation, de la pureté et de la lumière. L'Orient désigne l'aurore et possède le sens d'origine, d'éveil ; le soleil ascendant sera « l'hypostase des puissances ouraniennes »[54].

L'astre brillant est associé à la pureté du ciel bleu : « D'abord il y a *rien,* puis il y a un rien *profond,* ensuite il y a une *profondeur* bleue »[55]. A cette « tonalité d'azur » de la lumière ouranienne, il faut ajouter la « nuance dorée »[56] : « Des nuages noirs flottant en longs écheveaux déchiquetés ouvraient des échappées merveilleuses sur les profondeurs dorées du ciel »[57].

---

[52] Pe, p. 98. – « Le visage du roi (s'illumine) d'un clair sourire, sans ombres, comme peut l'être l'éclat de l'aube » (C.M., p. 51). Le cheval attendait le jeune homme « sur le pré voisin, dans l'herbe humide, dressé sur ses quatre jambes et il se mit à hennir pour saluer le point du jour » (ibid., p. 52).

[53] Ibid., p. 58.

[54] S.A.I., p. 167-168. – Hermann Hesse procède par touches, « plaçant toujours quelque jugement de valeur » (H.H., p. 72). Dans les romans, le lieu dépeint « est généralement associé à une idée-force dont il ne dévie pas » (ibid.).Avec Gênes, dans *Peter,* « omniprésence de la mer » ; elle inspire au héros le sentiment « d'une force immuable et d'une ouverture sur un horizon vaste, une invitation au voyage en haute mer » (ibid., p. 73). « Lointains vaporeux s'ouvrant comme une porte dans l'azur » et « sentiment très fort que la destinée de Hermann Hesse n'est pas de rester parmi les hommes des villes, mais de cheminer dans les terres lointaines, d'errer sur les mers, d'unir sa vie à l'infini à l'éternel » (ibid.).

[55] A.S., p. 194. – « Au-dessus de nos têtes reparut bientôt l'échappée sur le ciel d'azur » (C.M., p. 92). « J'essayai de vouloir plus intensément au fond de moi-même et le ciel continua à s'ouvrir (…) Et soudain, sans que je m'y attende, j'aperçus la cime à portée du regard, étincelante et abrupte dans l'air enflammé du soir » (ibid.) « Sur ce sommet poussait un arbre (…). À la cime de l'arbre, un oiseau noir s'époumonnait dans un chant sauvage » (ibid., p. 93).

[56] S.A.I., p. 165.

[57] *La Sonate*, 1906, in S.E., p. 69.

Il semble bien que si on s'élève, c'est pour mieux séparer [58]: le régime diurne est polémique et la figure qui l'exprime est l'antithèse. Ce régime s'étend à des secteurs de la représentation et se caractérise par les structures schizomorphes. Le recul par rapport au donné constitue l'attitude réflexive normale ; l'accentuation de ce recul devient perte de la fonction du réel : « Peut-être la fiction est-elle aussi vraie que la réalité ; peut-être mon imagination n'a-t-elle rien connu d'autre que ce que le vieux aurait pu et dû vivre si seulement il avait eu accès à ce monde imaginaire » [59]. On pense au Baudelaire de « Fenêtres » : « Et si maintenant j'évoque dans un récit le vieux Garibaldi, mon évocation tiendra davantage du rêve que de la réalité mais ce sera quelque chose d'authentiquement vécu »[60].

Comment marcher tranquillement sur un sol uni alors qu'on « le prend pour une corde » ? C'est en soi-même que l'on trouve « toutes les ressources nécessaires »[61]. Les rêves ont « mille fois raison. C'étaient la vie, la réalité qui avaient tort[62]. » Tout est jeu, « symbole, conte de fées, avec un sens, une dimension de plus »[63] qui ne sont pas donnés.

---

[58] S.A.I., p. 202.

[59] *Garibaldi*, 1904, in S.E., p. 40.

[60] Ibid.

[61] *Klein et Wagner*, 1918-19, in D.E.K., p. 151.

[62] L.S., 1927, p. 147.

[63] Ibid., p. 167.

II. LA CAVERNE

« Notre devoir est de disparaître dans les profondeurs, de nous en remettre à la nécessité et non pas d'en tirer des commentaires ingénieux. La façon dont Nietzsche, des dizaines d'années avant nous tous, a suivi le rude et solitaire chemin de l'abîme constitue un véritable exploit. »

(Hermann Hesse, lettre de 1926).

« Ta vie ne deviendra pas plate et stupide parce que tu sais que ton combat ne peut réussir. Elle est bien plus plate lorsque tu combats pour le bien et l'idéal en croyant que tu vas pouvoir les atteindre. »

(L.M., p. 105)

Le monde « étranger et inaccessible » du vieil aventurier[64] s'apparente davantage à la grotte ou à la caverne qu'à la « tour d'ivoire » de celui qui perd le combat avec la réalité : le visage de Garibaldi s'enfonce complètement dans les ténèbres : « c'était au milieu de ce paysage que le vieil aventurier demeurait au repos, blotti dans un coin » jusqu'à ce qu'il disparaisse dans l'ombre.

Dans l'œuvre de Hesse, comme dans tout grand œuvre, les visages du temps sont « exorcisés des terreurs qu'ils véhiculaient, transmués par l'abandon du régime de l'antithèse »[65]. La féminité bienveillante euphémise le temps : « Il semblait que je devais l'avoir déjà vue et rencontrée autrefois et cette charmante apparition, sans se soucier des anachronismes, fut bientôt présente dans tous mes souvenirs, même dans ceux de mon enfance, telle une compagne affranchie des lois temporelles »[66].

Le mot « pur » couvre ici le contexte imaginaire de « l'ingénuité, de l'immémorialité, de l'immédiateté

---

[64] *Garibaldi*, 1904, in S.E., p. 43.- Voilà Hermann plus que jamais « entre deux mondes, attiré par ailleurs, retenu par le Tout-Proche. Entre les effluves de l'Orient et la senteur quotidienne des sapins, son imagination gambade. (H.H.M., p. 51). La fuite semble pour lui « une façon de revenir à soi comme s'il eût réintégré son corps après un coma qui l'eût coupé de lui-même » (ibid., p. 52). A Gaienhofen, il rêve à la magie de l'Orient ; à Singapour, ses pensées sont dans son pays (cf. ibid., p. 202). Dans *Le Curiste*, Hesse-le-patient et Hesse-le-poète échangent ces répliques ingénieuses ; avec les points de vue des deux Hesse, on pourrait chanter sur deux tons « dans la plus vivante et la plus profonde interaction » (ibid., p. 265).

65 S.A.I., p. 225. – « L'imagination est la mère de la satisfaction, de l'humour, de l'art de vivre » (L.M., p. 116). L'humour est « un cristal qui ne croît qu'au sein de souffrances profondes et durables » (ibid., p. 225).

[66] *Randonnée d'automne*, in C.C, p. 160.

originaire »[67] : « C'était la voix de Dieu, ou celle de notre moi profond, le seul véritable »[68] dont on a la révélation : « Jamais il n'avait accordé crédit aux vérités de son moi profond; il n'en avait même pas eu connaissance »[69].

Le but n'est plus l'ascension d'un sommet mais la pénétration d'un centre : on rêve de descente parce qu'on rêve de retour. Était-ce « le besoin de retourner au pays de mon enfance, de m'accouder à la barrière du jardin paternel ? »[70] La descente risquant de se transformer en chute se double des symboles de l'intimité : l'angoisse de la destinée se mêle à « ce besoin de confiance aveugle qui existe chez les enfants »[71] ; on descend « pour remonter le temps et retrouver les quiétudes prénatales » [72] ; « ce sourire qui vient d'ailleurs » [73], ce sourire propre aux « parfaits » [74]. C'est un sentiment de complétude que retrouve Lautenschlager, « ce qui lui manquait depuis des années : le plaisir de l'enfant qui se sent comblé par les choses de la nature, le sentiment d'en faire partie et de vivre tout près de la création »[75].

Par une inversion chère au régime nocturne, non seulement le ciel est tourné vers la terre mais il assure sa protection : « Déployé sur les mondes, le ciel bleu abaissa un regard bienveillant sur le globe étincelant de la Terre »[76].

---

[67] S.A.I., p. 226.
[68] *Klein et Wagner,* p. 181.
[69] Ibid., p. 127.
[70] *La scierie du marbrier,* 1907, in D.E.K., p. 138.
[71] *Klein et Wagner,* p. 181.
[72] S.A.I., p. 230.
[73] *Enfance d'un magicien,* 1927, p. 21.
[74] P.C., 1914, p. 11.
[75] P.V.A., 1917, p. 41.
[76] *L'Européen,* 1917, in S.E., p. 151.

Ce sont les images de l'intimité et du refuge qui prédominent : « Il sentit que quelque chose se passait dans son être intérieur, qu'au centre de sa tête une petite cavité se dormait ; il vit bâiller cette ouverture sombre tandis qu'avec une ferveur grandissante, il fixait son attention sur cette caverne de la dimension d'une noix, ou sur ce "giron maternel"[77]. » A la puissance du minuscule, se reconnaît l'une des structures du registre nocturne que G. Durand qualifie de « mystique », en donnant à cet adjectif « son sens le plus courant en lequel se conjuguent et une volonté d'union et un certain goût de la secrète intimité »[78] : « Tout cela avait néanmoins donné à la pièce un caractère inhabituel de fête, à cause de l'encombrement et de l'agitation qui régnaient là ; tout cela tenait un peu de la foire et de la caverne aux trésors, le tout parcouru par un souffle de vie et de folie de jeu et d'enfantillage »[79].

L'intimité du lieu clos est inséparable de son ubiquité, caractère qui relie le centre à la constellation nocturne :

---

[77] *Edmond*, 1934, in S.E., p. 257. – Le « jardin nocturne », « espace louangé » (Bachelard), est une image. –Le retour effectif à Bâle, qui est l'une des deux patries de son enfance, ne signifie pas que Hermann Hesse se sente bien « dans sa peau d'autochtone » dans cette ville (H.H 90). *Peter Camenzind* est à son retour un exilé de l'esprit, dans le sens où il est matériellement chez lui à Bâle, mais pas spirituellement » (ibid.). Le concept d'« extériorité existentielle » s'applique à Peter, concept développé par E.C. Relph, *Place and Placelessness,* Plon, London, 1976 (ibid., n. 199, p. 228). Dans *Iris,* le jardin, au matin, « immuable et fidèle, et toujours nouveau » (C.M., p. 124), attend l'enfant et « là où, hier encore, une aiguille effilée, dure et bleue, et fortement enroulée sur elle-même, s'élevait de sa coupe verte, aujourd'hui un jeune pétale s'inclinait déjà, léger et bleu comme l'air, semblable à une langue, semblable à une lèvre (…) et on devinait déjà (…) le gouffre lointain et odorant de l'*âme* » (ibid.).

[78] S.A.I, p. 308.

[79] *Deux histoires d'enfants pour la veillée de Noël, 1950,* in S.E., p.261.

« Ce parfum me métamorphosait, moi-même et le monde, je n'étais plus ici ou là, dans cette ville ou dans ce jardin, j'étais au milieu de la forêt primitive du passé, des choses qui ne meurent jamais, dans le monde des sentiments et des souvenirs. Je respirai l'odeur de la terre qui évoquait pour moi les plates-bandes de mon enfance : j'étais un petit enfant[80]. »

L'imagination nocturne entre en jeu pour enlever leur dard aux images de la rupture. A ce registre, correspondent les images de l'intimité et du cycle qui adoucissent le visage du temps.

Alors que les couleurs se réduisent, dans le régime diurne, à des blancheurs azurées et dorées, la palette nocturne chatoie de toute la richesse des gemmes. Dans *Deux Histoires d'enfants pour la veillée de Noël* (1950), la montagne de pierres précieuses est « moins une représentation de richesse qu'un rêve de beauté et de pouvoir magique inouïs »; les enfants souhaitent « une existence protégée chez les nains, donc chez (leurs) semblables, loin des grands, des adultes, des gens normaux »[81].

---

[80] *De l'autre côté du mur,* 1925, in S.E., p. 205.

[81] *Deux Histoires...*, p. 267. – Pour Anselme, « les tessons de bouteilles et les débris de verre cristallins happaient les rayons du soleil et se transformaient en palais, en jardins et en cavernes d'Ali Baba aux scintillements multiples » (C.M., p. 125). – Devant la lagune, Hermann Hesse est intéressé par le jeu des couleurs et des vagues : « Celui qui connaît la lagune sous le soleil, me comprendra : l'éclat multicolore de la surface plane de l'eau, la ville qui s'élève comme un rêve sur un fond de ciel bleu foncé » (VI, p. 47). « Je n'ai fait qu'observer l'eau qui, à la façon d'une opale, est pleine de combinaisons de couleurs et, à tout instant, vous étonne » (ibid., p. 160).

La dominante nocturne procède à une nouvelle inversion : c'est le minuscule qui est puissant : « Mon regard et mon cœur revenaient sans cesse s'attacher et se concentrer à un seul tableau, celui de ce visage d'enfant, encadré par le chapeau et le costume noirs, et à tout ce qu'il exprimait d'innocence, d'ouverture au monde de la beauté, de bonheur inconscient »[82].

Selon Bachelard, les miniatures de l'imagination nous « rendraient tout simplement à une enfance, à la participation aux jouets, à *la réalité du jouet* »[83]. Ce sont les rêveries lilliputiennes qui nous donnent « tous les trésors de l'intimité des choses » [84] : « les figures maintenant étaient toutes petites, aussi petites que des échecs ordinaires » [85]. Le narrateur de *Mon camarade Martin* (1949) constate « l'extraordinaire valeur morale que peuvent prendre de petits objets sans importance et d'un usage banale lorsque de chers souvenirs s'y trouvent rattachés ; un vieux porte-plume, une clé de montre démodée dont la montre a depuis longtemps disparu »[86].

La Fillette ou l'Enfant-femme accomplissent l'inversion de la féminité fatale et funeste. Infantilisée, la féminité détient un grand pouvoir bénéfique. Diverses, les Fillettes reçoivent en partage la gracilité. Une jeune fille

---

[82] « Le petit ramoneur », 1953, in S.E., p. 286.

[83] P.E., p. 141. – « La plus petite des œuvres d'art, une esquisse de six traits de crayon, un poème de quatre vers, tente hardiment et aveuglément l'impossible, joue son va-tout, prétend recueillir le chaos dans coquille de noix » (L.M., p. 221).

[84] T.R.R., p. 13. – Il n'y a qu'un procédé d'éducation pour éviter la « corruption » : s'appliquer « avec tout le sérieux possible aux petites choses, voire aux minuscules, au service de l'instant » (L.M., p. 80).

[85] L.S., 1927, p. 194.

[86] In L.l., p. 163. – « Le minuscule est un gîte de grandeur » (P.E., p. 154).

blonde d'une vingtaine d'années est présentée comme une douce créature enjouée au « regard clair et étonné », à la « petite bouche enfantine en forme de cœur »[87]. Dans *Le dernier été de Klingsor* (1918-19), Thu Fu (Hermann) danse avec une jolie fille blonde d'une douzaine d'années et Klingsor regarde tournoyer doucement sa courte robe d'été autour de ses jambes graciles »[88]. Sous l'éclat des lumières, « le vent faisait voler sa jupe courte, découvrant ses jambes au galbe encore enfantin »[89].

La blondeur prévaut : « Une toute jeune fille d'environ dix-neuf ans, avec des cheveux blonds clair comme ceux d'une enfant, des yeux bleus et le visage allongé d'un personnage de légende. Elle portait une robe claire avec des garnitures bleues et était assise dans son fauteuil, attentive et contente[90]. » Quand l'enfant est brune, c'est la primitivité qui se trouve valorisée : « Farouche et belle, l'enfant avait une chevelure noire, des yeux noirs de bête craintive, des jambes nues bien moulées, dont la peau brune semblait polie »[91]. « Une fillette étrange et, d'une certaine manière, merveilleuse sans être précisément jolie, qui pouvait avoir treize ou quatorze ans mais paraissait plus jeune. Son visage était bronzé (...) (elle) était chaussée de souliers bruns - est-ce que tout n'était pas brun chez elle ? » [92] La sauvagerie de l'enfant blonde

---

[87] *Une soirée sur le lac,* 1909, in *Fiançailles,* p. 39.

[88] P. 285.

[89] Ibid. p. 284.

[90] *Taedium vitae,* 1908, in C.C, p. 210. – « Une fillette de huit ans assise sur mes genoux, enfant vive et de belle prestance, à la chevelure blonde et bien proportionnée (…) J'étais ravi de plonger dans ce regard d'enfant, clair et pourtant sérieux (…) elle me contemplait de ses beaux yeux, abîmes infinis de plaisir et d'indicible bonheur » (V.I., p. 37).

[91] D.E.K., p. 256.

[92] *Le rêve du poète,* 1926, in C.M., p. 168 et 171.

frappe par sa singularité : l'un des enfants, une fillette de cinq ans, toute frêle « se nommait Agnès mais on l'appelait Agi ; elle était blonde pâle, ses membres étaient grêles, ses yeux immenses et timides, et une douce sauvagerie se manifestait dans tout son être »[93], singularité soulignée par l'oxymoron.

Et parce qu'il plane, malgré tout, « comme un souffle léger de trouble, un parfum de crainte et de sauvagerie propres aux fillettes, au-dessus de toute cette grâce, de toute cette beauté, de toute cette assurance, alors il comprenait qu'il suffisait de chanter ce joli pied menu pour dépasser encore tout ce que les poètes des générations précédentes avaient chanté sur le printemps, l'enfance et les prémices d'amour »[94].

La « douce sauvagerie » nous met sur la voie de la conjonction des contraires. Dans *Berthold* (1907-1908), Agnès représente la synthèse de toutes vertus féminines : « Dans les figures de saintes et d'anges des tableaux peints par les anciens maîtres de Cologne, il voyait des sœurs et des portraits de la belle et gracieuse Agnès dont la blonde chevelure et la petite bouche rayonnaient à travers toutes ses pensées »[95], telle cette femme du Dernier été à

---

[93] Pe, 1904, p. 168.

[94] C.M., p. 174.

[95] P. 30. – La princesse Lilia, « double onirique de la Lulu de Kirchheim, accompagn(e) la remontée pathétique de Hermann Hesse jusqu'à l'ingénuité de son enfance. Irréelle et fascinante, la soubrette appartiendra sans le savoir au monde intemporel du mythe » (HHM, p. 154). « Du flirt a surgi la féerie. De l'anecdote, le merveilleux » (ibid.). Lulu-Lilia « draine sensualité et fièvre, tendresse et vengeance. Femme-fée, le poète la démasque, une, mais à double visage » (ibid., p. 155). Texte de « Loulou » in *Lauscher,* Calmann-Lévy, 1998, pp. 81-129.

Klingsor, qui incarne à la fois « la mère, l'enfant, l'amante, l'animal, la Madone »[96].

La mère d'Anselme (*Iris*) lui apparaît dans ses rêves et lui parle : « Iris lui parlait aussi en rêve ». « Images, se disait-il quelquefois pour lui tout seul. Tout n'est qu'image. » Mais « au tréfonds de lui-même, il sentait vibrer quelque chose qui n'était pas une image. Ce quelque chose, il le suivit et l'entendit parfois parler en lui, et la voix était celle d'Iris et celle de sa mère, elle était consolation et espoir[97]. »

Par un renversement des valeurs ténébreuses dont elle était chargée, la nuit devient le lieu où s'opère le retour à l'enfance : tard dans la nuit, le narrateur vogue sur de pâles eaux nocturnes, « une légère brise tiède chant(e) dans sa voile ». Alors ce fut « un pan de mon enfance, un autrefois heureux qui surgit devant moi, plein de vie et de nouveauté »[98].

Ambivalence de l'eau qui, lorsqu'elle est « nocturne », se fait intime : « L'onde alors murmure autour de toi, et tu es onde, la forêt, et tu es forêt ; il n'y a ni dedans ni dehors, tu es oiseau et voles dans les airs, tu es poisson et nages dans la mer, tu aspires la lumière, tu savoures les ténèbres, tu es ténèbres (…) Avance donc à tâtons, mon âme, erre donc, retourne-toi, les yeux fermés, dans le bain saturé des pulsions innocentes du crépuscule[99]. »

---

96 P. 256.
97 C.M., p. 142.
98 "Garibaldi", 1904, in S.E., p. 38.
99 C.M., p.102.

« N'était-elle pas déjà romantique l'admiration de l'adolescent pour le chant nocturne du classique Hölderlin ? »[100]

Les larmes, réputées « matière du désespoir » (Bachelard), deviennent pleurs de joie : « Ô larmes ! Ô doux effondrement, Ô bienheureuse fusion ! Tous les livres du monde pleins d'idées et de poèmes ne sont rien en regard d'une minute de sanglots, où le sentiment palpite en vagues ondoyantes, où l'âme s'emplit et se trouve, au plus profond d'elle-même. »[101]

Nous avons constaté que le recul par rapport au donné faisait naître des images de lumière et d'ascension : « Des nuages noirs flottant en longs écheveaux déchiquetés ouvraient des échappées merveilleuses sur les profondeurs dorées du ciel »[102]. Toutefois, l'affrontement de la lumière et de l'ombre est désamorcé puisque l'image se métamorphose « en un règne intermédiaire léger, aérien, délivré de la pesanteur, où dansaient des rondes aériennes d'elfes, planant dans une lumière particulière, semblable à celle de la lune »[103].

La lune rappelle « la proximité par la couleur (bleue) et l'étendue (apparemment illimitée) de deux éléments (...) réunis dans leur infinité et leur calme apaisant, le Ciel et l'Eau »[104].

La Nyx hellénique, comme la Nott scandinave, devient la « Tranquille » : la lune se voit doter du pouvoir solaire

---

[100] H.H.M., p. 140.
[101] C.M., p. 109.
[102] « La sonate », 1906, in S.E, p. 74.
[103] Ibid., p. 75.
[104] H.H., p. 98.

de faire naître l'arc-en-ciel. « Lorsque la lune eut conquis un espace dégagé du firmament, nous la vîmes entourée d'un halo coloré, une sorte d'arc-en-ciel lunaire[105]. » L'écharpe d'Iris « fait rayonner les cieux. Elle est donc la déesse de la renaissance éternelle du monde[106]. » Comme Hermès, Iris se place du côté des structures dramatiques du régime nocturne et conjoint les opposés.

La nuit est symbole de l'inconscient. Elle permet aux souvenirs perdus de « remonter au cœur » pareils aux brouillards du soir[107]. Sans les ténèbres, « personne n'atteindra la sagesse »[108].

Mais alors que les schèmes ascensionnels avaient pour atmosphère la lumière, c'est, comme nous l'avons observé à propos des trésors, « toute la richesse du prisme et des gemmes (qui) va se déployer » sous le régime nocturne[109]. « L'arc-en-ciel est aussi un symbole alchimique : les sept couleurs du spectre, associées à la forme de l'arc, renvoient au pont qui permet de gagner la sphère divine, grâce aux sept forces primordiales[110]. » La multi coloration « nocturne » est euphémisation du temps : « j'ai ouvert le feu sur la mort avec toutes mes couleurs : le vert qui lance des flammes, le cinabre qui explose, la douce laque de garance »[111].

---

[105] « Deux histoires... », in S.E., p. 263.
[106] Simone Vierne, « L'Echarpe d'Iris » , in *Actes del col. Loqui international sobre els valors heuristics de la figura mitica d'Hermès*, Universitat de Barcelona, 1985, p. 277.
[107] S.A.I., p. 249.
[108] « Randonnée d'automne », 1905, in C.C., p. 169.
[109] S.A.I., p. 250. – « Éclat multicolore de la surface plane de l'eau » (V.I., p. 47). L'eau, « à la façon d'une opale est pleine de combinaisons de couleurs (ibid. 160).
[110] P.G. Sansonetti, *Graal et Alchimie,* Berg International, 1982, p. 34.
[111] D.E.K., p. 287.

La musique mélodieuse joue par rapport au bruit le même rôle euphémisant que les couleurs nocturnes par rapport aux ténèbres. « La régression nocturne projette en quelque sorte la grande image maternelle par le moyen-terme de la substance de la *materia* primordiale tantôt marine, tantôt tellurique[112]. » L'artiste de Narcisse et *Goldmund* (1943) veut brosser le portrait de sa propre mère « mais ses traits et ses couleurs avaient peu à peu composé une image de la Mère qui n'avait plus rien de personnel, la figure d'une Ève, d'une Mère des Hommes »[113]. Les symboles mélodiques et nocturnes sont tirés vers un archétype de la féminité bénéfique. La musique se fait berceuse.

Hermann est assuré de « poursuivre par le verbe et la manipulation de son pinceau la même unité poétique. Il ne colore pas tout de suite ses tableaux. A gros traits, il les dessine à la plume ou à la craie avant de triturer ses couleurs sur la palette. Il perpétue enfin sur sa toile l'audace du musicien à la recherche de l'alternance et de l'opposition des harmonies. Cette volonté de maîtrise picturale l'aide à recourir à la fluidité des mots, à leur plasticité et à leurs accords[114]. »

Accord des mots exprimant l'harmonie perçue des choses, de la nuit, du ciel et de la mer, de « l'écho clair et joyeux », de « la lumière claire et joyeuse », du « poisson » : « Tout est notre rêve, chacun de ces rêves est notre rêve le plus beau »[115].

La mer est l'archétype du retour aux sources originelles du bonheur, les bruits de l'eau étant les signifiants de

---

112 S.A.I., p. 256.
113 P. 203.
114 H.H.M., p. 242.
115 C.M. p. 102.

l'éternel féminin. Les eaux seraient « les mères du monde, tandis que la terre serait la mère des vivants et des hommes »[116]. Au début de *Siddhartha,* apparaissent déjà réunis ce que Jung considère comme « trois symboles maternels, la terre, le bois et l'eau. Dans la mythologie égyptienne, la naissance du dieu solaire Mithra est souvent accompagnée d'un fleuve et le navire et l'arbre se tiennent très proche l'un de l'autre » [117]. L'eau est source de renouvellement, « un élément amniotique qui contient la vie, un lien entre l'organique et l'inorganique ». Le fleuve, pour Siddhartha, symbolise « l'union des rives qu'il sépare, en même temps qu'il signifie l'annulation du temps »[118]. Tous les vrais mystères, semblait-il à Narcisse, « toutes les vraies et authentique images de l'âme étaient comme ce petit mystère des eaux »[119]. L'eau est comme la terre, la primordiale matière du mystère : elle garde les vertus du liquide amniotique et nous replonge dans le farniente intra-utérin. « Au sein de la primitive innocence, ruissellent les souvenirs enfantins du Paradis du Bon Dieu, dans toute leur fraîcheur et leur éclat, comme une eau qui vient de sourdre au fond des bois »[120].

Souvenirs « substantiels » des premières années « fabuleuses » de la vie : « Bienfait, intensité de ces ténèbres, chaude berceuse de l'âme et patrie perdue s'ouvrent, temps de l'existence encore informe, premier bouillonnement indécis qui remonte du fond de la source sous laquelle dort l'époque lointaine des ancêtres avec les rêves de forêt vierge »[121].

---

[116] T.H.R., p. 220.
[117] H.H., p. 93.
[118] Ibid., p. 104.
[119] N.G., p. 225.
[120] Pe., p. 91.
[121] C.M., p. 102.

Cette mère primordiale « se voit confirmer comme archétype par la poésie »[122]. Nul mieux que le romantisme allemand n'a eu « l'intuition de la féminité bienfaisante »[123]. A dix-sept ans, Hermann Hesse dévore « les poèmes de Jean-Paul, lit et relit Goethe et Novalis, passant du jardin à sa soupente littéraire, heureux de ses trouvailles, contemplant les efflorescences de son âme que désormais il arrosera comme une plante, soucieux de ne jamais la contredire »[124]. L'adolescent de Fiançailles élève dans son cœur « un autel à l'amour de la femme »[125]. Le narrateur de *Peter Camenzind* (1904) explique : « Chez moi, l'amour pour une femme a toujours été une adoration purificatrice, une flamme jaillie du trouble de mon cœur et qui monte toute droite ; des mains en prière tendues vers des cieux d'azur »[126]. L'amour de la créature mène à l'amour du Créateur. Béatrice, Laure n'appartiennent pas à cette terre : « J'honorais les femmes, toutes tant qu'elles étaient, comme des êtres étrangers, beaux et énigmatiques, qui nous dépassent par la beauté innée et l'unité de leur nature et qui doivent nous être sacrés, parce que, comme les étoiles et les cimes bleues des monts, elles sont loin de nous et nous paraissent plus près de Dieu »[127].

Quelle déception lorsque les jeunes filles sont « pratiques, astucieuses et malignes » et que nulle part ne se révèle « ce parfum d'idéalisme » où le jeune homme aime « à voir et à vénérer les femmes »[128] ! A toutes les époques, « les hommes ont imaginé une Grande Mère, une femme éternelle vers laquelle régressent les désirs de

[122] S.A.I., p. 263.
[123] Ibid., p. 264.
[124] H.H.M., p. 97.
[125] P. 11.
[126] Pe, p. 39.
[127] Id.
[128] Ibid., p. 70.

l'humanité » ; ses noms innombrables, « sont symboles d'un retour ou d'un regret »[129] : « Personne ne pourra jamais remplacer les femmes dans leur fonction sacrée de gardiennes et de protectrices de l'enfance »[130].

Quand Hermann Hesse rencontre Eugénie Kolb, il lui trouve des ressemblances avec la Béatrice de Dante. Il l'aime « comme un fils, comme un frère, comme un amant. Il l'accable d'appels sans savoir si c'est l'homme en lui qui vient de naître ou si c'est l'enfant qui s'attarde. Qu'était Eugénie, découverte ou refuge ? »[131]

Le complexe du retour à la mère entraîne la valorisation de l'intimité et l'euphémisation de la mort. Les rêveries du repos structurent les rites d'ensevelissement : on enterre les enfants « afin qu'ils retournent au sein de la mère tellurique et puissent renaître plus tard »[132]. Même l'enterrement des morts arrivés à leur maturité est fait dans la même intention : « Toi, qui es terre, je te mets dans la terre » (*Atharva-Veda*, XVIII. 44). Ce que nous appelons vie et mort ne sont que deux moments de la destinée totale de la Terre-Mère : « la terre n'est rien d'autre que le détachement des entrailles de la terre, la mort se réduit à un retour "chez soi" »[133].

---

[129] S.A.I. - - Nous nous intéressons à l'imago de la mère de Hermann et non à la biographie de l'écrivain, comme Bertrand Lévy : « C'est le but premier de ce livre, parti d'une thèse de géographie existentielle, que de cerner l'espace de vie de l'écrivain et de montrer sa projection et sa transfiguration sans l'œuvre » (H.H 7).
[130] B., 1907-1908, p. 33.
[131] H.H.M, p. 88.
[132] T.H.R., p. 216.
[133] Ibid., p. 219.

L'inversion du sens naturel de la mort permet l'isotopie *« sépulcre-berceau »* [134]: « La forêt était à la fois patrie, refuge, berceau, nuit et tombe et, en dehors de la forêt, aucune vie n'était concevable »[135]. Bachelard signale que la grotte est « une image de la maternité, de la mort » et que « l'ensevelissement dans la caverne est un retour à la mère » [136]. Une faible nuance sépare la grotte de la demeure-refuge : « Isolée en plein champ, ma maison est environnée par les rafales du vent d'ouest, noyée dans une lumière crépusculaire et un clapotis de pluie, perdue au milieu des jardins brunis et ruisselants, en bordure de chemins défoncés par l'inondation et qui ne conduisent nulle part. / J'entends la tourmente se lamenter dans la cheminée tandis que la pluie fouette les carreaux de la fenêtre[137]. » Maison-arche.

Bachelard demande : « Qu'est-ce qu'il y a de plus réel : la maison même où l'on dort ou bien la maison où, dormant, l'on va fidèlement rêver ? »[138]. Il semble que le rêveur soit prêt pour « les plus lointaines identifications ». Il vit renfermé en soi-même, il devient fermeture, *« coin sombre »*[139] : « Je me sentais - grenier hanté de sublimes esprits - comme dans l'atmosphère d'un beau conte étrange »[140]. Le coin est un refuge « qui nous assure une première valeur de l'être : l'immobilité »[141]. Au grenier, se

---

[134] S.A.I., p. 270.
[135] « L'Homme des forêts », 1914, in S.E., p. 141.
[136] T.R.R., p. 208.
[137] T.R.R., p. 208. "Taedium vitae", 1908, in C.C., p. 204.
[138] T.R.R., p. 96.
[139] Ibid., p. 98.
[140] Pe., p. 37.
[141] P.E., p. 131. - Cf. T.R.R., p. 108, note 5 : « Dans un article du *Journal asiatique (La maison védique),* octobre 1939, Louis Renou signale, avant l'édification de la maison (...), un rite "d'apaisement" du sol ».

vivent les heures de longue solitude : « C'était là que j'avais passé de longs hivers à rêver dans une mansarde mal chauffée »[142].

« L'habitat, la demeure se relient positivement en une dialectique synthétique avec l'environnement géographique»[143]. Dans la constellation de l'intimité, la primauté est donnée « aux images de l'espace bienheureux, du *centre paradisiaque* »[144]. Pour l'homme vieillissant, « l'enfance est une des *Heimat* (patrie, terroir, pays natal) les plus chères et les plus fécondes en inspiration »[145]. La puissance amoureuse « prête à tout un charme d'amour et la féerique beauté de transmutation qui ne revient à un âge plus tardif qu'aux élus et aux poètes »[146], aux artistes : le peintre se rappelait : « Son sentiment et son désir avaient été que s'établisse entre lui et le monde une relation, un courant de beauté et de force, qu'entre lui et le monde vibrât durablement quelque chose de fort et d'intime qui résonnerait comme une douce musique »[147], des oppositions et des harmonies nouvelles »[148].

Importance microcosmique de la demeure : le centre paradisiaque est *omphalos, umbilicus,* nombril du monde[149]. La conquête de l'immensité passe par celle de

---

[142] « Randonnée d'automne », 1905, in C.C., p. 156.
[143] S.A.I., p. 280.
[144] Id.
[145] H.H., p. 148.
[146] L.S., p. 166.
[147] « Le Peintre », 1918, in S.E., p. 163.
[148] J.P.V., p. 64.
[149] Cf. S.A.I., p. 281. « L'*omphalos* est une cosmisation, plus large que le microcosme de la demeure » ; infrastructures obstétricales et gynécologique du centre :

O mph alos

l'intimité. Le poète « fait réfléchir des sentiments sur des objets du paysage, qui cristallisent des émotions amoureuses, un peu comme si le monde de l'Éros irradiait de tension érotique le monde du Cosmos »[150]. « L'amour est plus fort que la violence », il faut l'exprimer aussi sous une forme « élémentaire » : « L'eau est plus forte que le roc » [151] . Que de fois le peintre de *Souvenirs d'un Européen* n'avait-il aspiré « à sentir que son propre souffle et celui des vents et des mers étaient les mêmes, qu'une fraternité, une parenté, un amour, un lien de voisinage, un accord et une harmonie existaient entre lui et le Tout »[152].

Ce qui sacralise avant tout un lieu, c'est sa fermeture. Et il n'y a pas loin du sentiment d'intimité au concept de totalité. Le lieu sacré est une cosmisation de l'archétype de la sécurité féminoïde. Mais si les figures fermées carrées font porter l'accent symbolique sur les thèmes de la défense, l'espace circulaire est plutôt celui du jardin et déplace l'accent symbolique sur les bonheurs de l'intimité.

U mb ilicus

Sanscrit : a bh ih = nombril, moyeu.

Le symbolisme amniotique des îles rejoint la clôture de l'horizon de la forêt sur lui-même. La paix de la forêt est « une paix de l'âme. La forêt est un état d'âme » (P.E., p .171-2).

« Dans le vaste monde du non-moi, le non-moi des champs n'est pas le même que le non-moi des forêts. La forêt est un avant-nous » (id.).

« Qui dessine un cercle en lui donnant des valeurs de symbole rêve plus ou moins sourdement à un ventre ; qui dessine un carré en lui donnant des valeurs de symbole construit un refuge » (T.R.R., p. 148).

Le poète sait que « ce qui s'isole et s'arrondit, prend la figure de l'être qui se concentre sur soi » (P.E., p. 214).

[150] H.H., 148.

[151] L.M., p. 42.

[152] P. 164.

L'espace courbe et fermé est signe de douceur et de tranquillité ; le rêveur vit une « rondeur pleine » (Bachelard) :

> On lui a dit que la vie était belle.
> Non ! La vie est ronde
> (Joë Bousquet).
>
> Tout être semble en soi rond
> (Karl Jaspers).

L'intimité du lieu clos confère au jardin sa féminité : Anselme, au printemps de son enfance, court « à travers le jardin vert. Sa mère accordait un soin tout particulier aux fleurs. L'une de celles qu'il préférait s'appelait Iris, il lui vouait un amour tout à fait exceptionnel. Il aimait coller sa joue contre ses grandes feuilles vert tendre (...) Il l'aimait beaucoup et s'attardait toujours dans la contemplation de sa gorge »[153]. Quelquefois, « quelque chose comme un souffle venu de jardins lointains le saisissait à l'improviste. Il murmurait tout bas le nom d'Iris, dix fois, vingt fois, il en jouait comme on essaie une note sur une corde tendue »[154]. « Oh, que le jardin nocturne était donc beau, là en face ! Comment pouvait-on s'éprendre aussi vite d'un jardin, exactement comme d'une femme ! »[155].

Le centre présente aussi un caractère qui le relie à la constellation du Régime nocturne et c'est la répétition : « l'espace sacré possède ce remarquable pouvoir d'être multiplié indéfiniment »[156]. Le redoublement spatial est à l'origine de la dramatisation du temps et de l'élaboration d'un temps cyclique ; pour briller de son éclat personnel,

---

[153] C.M., p. 123.
[154] Ibid., p. 136.
[155] « De l'autre côté du mur », 1925, in S.E., p. 204.
[156] S.A.I., p. 284.

l'homme doit se situer dans les rythmes cosmiques : rythme des saisons, rythme nycthéméral, phases de la lune. « La lune est mon amie », pense le héros de L'Homme des forêts (1914), « et l'étoile est mon amie »[157].

Dans cette perspective de l'intimité et du redoublement, la demeure sur l'eau fait naître des rêveries de profondeur : l'Européen devra « montrer de quoi il (est) capable, afin que l'on (puisse) juger si, lui aussi, (a) le droit de respirer l'air que Dieu (a) purifié et de voyager à bord de la maison flottante du Patriarche »[158], de l'arche qui non seulement transporte l'âme mais a pour fonction de conserver la vie. Et c'est dans un autre contenant, le grand coffre, que, « petit garçon », Hermann Hesse avait déniché « Robinson, Gulliver, dans des livraisons jaunies, illustrées de plaisantes gravures, ainsi que des récits de marins et d'explorateurs »[159]: coffre ; arceo : je contiens et arcanum : secret.[160]

« La mort est un voyage et le voyage est une mort »[161]. L'imagination a besoin de l'eau pour garder à la mort son sens de voyage. Par « cette incidente funèbre », toute barque est un peu « vaisseau fantôme »[162] : « Tristan fut déposé, comme il en avait exprimé le vœu, dans une simple barque, sans voile, sans rames ni gouvernail, seul, sans aucun compagnon »[163]. « Berceau

[157] In S.E., p. 144.
[158] « L'Européen », 1917, in S.E., p. 155.
[159] E.M., 1927, p. 89.
[160] Cf. S.A.I., p. 286.
[161] E.R., p. 102.
[162] S.A.I., p. 286
[163] *Tristan et Iseult*, p. 79.

reconquis » ?[164] « Ô mort, vieux capitaine, il est temps ! Levons l'ancre ! »[165].

La joie de naviguer est menacée par la peur de sombrer : « Puis approchait le moment où l'on devrait quitter le radeau qui filait à toute allure (...) Il s'agissait alors de repérer un endroit et d'en profiter sans délai pour sauter à terre ; la plupart du temps, cela se terminait par un nouveau bain, au dernier moment ; aussi était-ce souvent dangereux et de temps à autre se produisait un accident. J'ai connu autrefois, moi aussi en de telles circonstances, le frisson qui vous saisit lorsqu'on se sent en danger de mort»[166].

Le fleuve est un « espace médiateur, marqué par une ambivalence temporelle ». Il est permanent mais aussi « dynamique ». Il est plus « qu'une magnifique métaphore sur la vie ; la particularité de son élément liquide, obscur et transparent, est de ressembler à un miroir, qui renvoie à toute la profondeur de l'être ». L'eau est source d'une « fusion de sentiments » [167] : les temps « filaient et défilaient », « un large torrent au clair miroir » coulait « entre les aulnes et les herbages » ; la montagne offrait de l'espace aux « flotteurs de bois »[168].

La douceur du lac « attire naturellement l'intimité des nacelles » [169] ; la barque se fait berceau, des quatre

---

[164] E.R., p. 178.

[165] Baudelaire, « Le voyage », VIII, in *Les Fleurs du Mal*, Œuvres complètes, éd. Y.-.G. Le Dantec, Gallimard, 1954, p. 203.

[166] *Plaisirs du flottage,* 1928, in S.E., p. 232. - Cf. E.R., p. 203.

[167] H.H., p. 105.

[168] C.M., p. 79.

[169] G.Durand, *Le décor mythique de « La Chartreuse de Parme »*, Corti, 1961, p. 183.

éléments « il n'y a que l'eau qui puisse bercer »[170] : le rêve de Novalis appartient à la catégorie des « rêves bercés ».

Bachelard parle du rêve hydrant » de Novalis : quand il entre dans l'eau merveilleuse, la première impression du rêveur est celle de « reposer parmi les nuages, dans la pourpre du soir ». Un peu plus tard, il croira être « étendu sur une molle pelouse ». Quelle est donc la vraie matière qui porte le rêveur ? Ce n'est ni le nuage ni la molle pelouse, c'est l'eau. Nuage et pelouse sont des expressions ; l'eau est l'impression. Dans le rêve de Novalis, elle est au centre de l'expérience ; elle continue à bercer le rêveur quand il repose sur la berge ». Bachelard fait référence à : Novalis, *Henri d'Ofterdingen*[171]. La « barque oisive » suscite les mêmes rêveries que l'eau[172] ; elle se féminise : « un petit groupe de personnes montait à bord d'une légère embarcation à deux paires de rames » ; deux jeunes hommes avaient fixé « un arceau fait de baguettes de noisetier et qu'ils avaient délicatement enlacé de roses grimpantes d'un rouge vif en pleine floraison ; au centre de l'arceau légèrement oscillant, ils avaient suspendu une grosse lanterne ronde de papier rouge qui répandait une douce lumière. La place d'honneur, sous cette construction décorée de feuillages, fut offerte à la jeune fille »[173]. L'eau « soulève en (Hermann Hesse) des centaines de rêves nés de ses reflets, de sa mouvance, de son infinie tendresse »[174].

La notion du contenant est solidaire de celle du contenu ; le dehors est rayé d'un trait : « Dans le coin aux

---

[170] E.R., p. 177.
[171] Ibid.
[172] ibid., p. 178.
[173] « Une soirée sur le lac », 1909, in F., p. 39.
[174] H.H.M., 239.

livres de ma mansarde où ne pénétraient que le battement des heures sonnées au clocher voisin et le claquement du bec des cigognes nichant tout à côté, les personnages créés par Shakespeare se mirent à fréquenter »[175]. Le rêveur se loge finalement « dans la dernière et la plus intime des spirales de (sa) coquille d'escargot » (Jean-Paul, *La vie de Fixlein*) : « Je me sentais – grenier hanté de sublimes esprits – comme dans l'atmosphère d'un beau conte étrange »[176]. Il faut noter que « tous les espaces privés où se déroulent des fêtes sont des mansardes, espaces d'habitation marginal au sens hessien, c'est à-dire distinct du territoire bourgeois, mais compris dans son périmètre »[177]. Dévoilement d'images qui est à l'origine de la vocation de l'écrivain : le monde « qui se déployait devant moi m'attendait pour que je ramasse une partie de ses trésors, pour que j'en écarte le voile de l'accidentel et de vulgarité », pour « qu'il les arrache à la destruction » et les « fixe pour l'éternité » par sa puissance poétique[178].

Le contenu est aussi un liquide, isotopique de l'intimité et de l'avalage. L'image du lait est « le support psychologique de l'hymne védique » : « les eaux qui sont nos mères et qui désirent prendre part aux sacrifices viennent à nous en suivant leurs voies et nous distribuent leur lait »[179]. Les rêveries de l'intimité sous-tendent le symbolisme nocturne : « C'était dans ces fermes que nous autres enfants allions souvent boire, dans quelque sombre et chaude écurie, du lait qu'on venait de traire »[180].

---

[175] Pe., 1904, p. 36.
[176] ibid., p. 37.
[177] HH 126.
[178] Pe., p. 37.
[179] Cité par Bachelard, E.R., p. 159.
[180] « Le Mendiant », 1948, in L.I., p. 123.

Bachelard cite Louis Renou, *Hymnes et Prières du Veda* : « Il inonde le sol, la terre et le ciel même, Varuna - lorsqu'il souhaite le lait ». - Michelet, dans un livre qui se croit objectif, presque savant, « retrouve tout naturellement l'image de la mer de lait, de la mer vitale, de la mer nourriture »[181]. Bachelard estime que l'eau est l'élément qui permet le mieux du monde d'illustrer les thèmes de combinaison des puissances : « Elle assimile tant de substances ! Elle tire à elle tant d'essences ! Elle reçoit avec égale facilité les matières contraires, le sucre et le sel. Elle s'imprègne de toutes les couleurs, de toutes les saveurs, de toutes les odeurs »[182] ; et de citer Edgar Poe : « La chaleur de l'eau était alors vraiment remarquable, et sa couleur, subissant une altération rapide, perdit bientôt sa transparence et prit une nuance opaque et laiteuse »[183].

C'est dans une cuisine, « pièce entretenue par la mère nourricière » que Goldmund et ses compagnons sont accueillis par deux filles « d'âge inégal » : « ils boivent ensemble du cidre fort, qui n'est pas sans rappeler le philtre de Tristan et Iseult, et les yeux de Goldmund s'égarent sur le visage calme de la fillette aux yeux sombres »[184].

La boisson naturelle se décante psychiquement parlant en une boisson « n'ayant plus que des qualités psychologiques, archétypales et mythiques. Tel est le rôle du breuvage sacré » ; les *védas* représentent la boisson sacrée, « soit comme une plante, soit comme une source, un ruisseau jaillissant dans le jardin primordial, le

---

[181] E.R., p. 160.
[182] ibid., p. 126.
[183] ibid., p. 165.
[184] H.H., p. 142.

Paradis »[185]. Le *soma*, plante miraculeuse, est très souvent représenté « dans le Rig Veda sous forme de source ou de ruisseau, mais aussi comme une *plante* paradisiaque, que les textes védiques et postvédiques placent dans un vase (symbole aquatique). Ce polymorphisme se justifie si l'on tient compte de tout ce qu'implique le *soma* : il assure la vie, la fertilité, la régénération - c'est-à-dire cela même qu'implique le symbole des Eaux » [186] . Dans le *Mahabhrâta,* on nous affirme que Garuda arrache le bien qu'on le présente comme une boisson miraculeuse. Dans le symbolisme des Upanishads on rencontre « la même association Eau-Arbre »; « la rivière sans âge » (vijâra nadî : celle qui régénère) se trouve à côté de « l'arbre support »[187].

Les images d'emboîtement, d'intimité, l'ubiquité du centre entraînent l'imagination nocturne à la dramatisation cyclique. « Dans tous mes rêves, j'entends encore, comme un *écho*, la merveilleuse mélodie de ma jeunesse ; *elle résonne* aujourd'hui en sons plus purs et plus limpides que lorsqu'elle était une réalité »[188].

---

[185] S.A.I., p. 297.
[186] T.H.R., p. 242.
[187] Ibid.
[188] G., 1910, p. 233.

III. LA ROUE

Au mouvement de pendule qui oscille du côté de la barbarie et du démonisme succède à coup sûr le mouvement inverse, la nostalgie de la mesure et de l'ordre, à jamais enraciné dans le cœur de l'homme.

(Hermann Hesse, lettre du 7 février 1940).

Les images du cycle marquent l'ambition fondamentale de maîtriser le devenir au lieu de se plonger dans l'intimité du refuge.

Symbole de la répétition, le rythme nycthéméral. L'étoile du berger, du matin et du soir, est annonce de la Renaissance perpétuelle du jour : « L'éclat de Vénus, qui montait au firmament, pénétra avec plus d'intensité dans la pièce, une élégante et tendre phrase mozartienne s'échappa du piano, infiniment douce aux oreilles des rêveurs et à peine perceptible »[189]:

> Avance donc à tâtons, mon âme (...) dans le bain saturé des pulsions innocentes du crépuscule ![190]

L'accent est mis sur le pouvoir de répétition infinie de rythmes temporels : « Pour chacun de nous existent de multiples chemins, de multiples possibilités, celles de la naissance, de la transformation, du retour »[191]. On a les symboles du *nostos*, du retour : « Il était retourné vers la patrie de ses rêves et au pays de son enfance »[192].

Si on déplace l'intérêt sur le rôle progressiste du devenir, s'affirme la confiance en la fin des tribulations temporelles. Le caractère commun de ces deux polarisations de symboles est de conduire à des récits dont la réalité est subjective (mythes).

Structure dramatique de ces récits qui font alterner phase tragique et phase triomphante. Les signes avant-

---

189 « Wenkenhof romance juvenile », 1905, in S.E., p. 63.
190 C.M., p. 102.
191 « Monsieur Claassen », 1936, in B., p. 262.
192 « Mon camarade Martin », 1949, in L.I., p. 172.

coureurs attestent l'Éternel Retour : « Comme toujours, l'événement décisif ne venait pas seul : des signes précurseurs l'avaient annoncé »[193]. Le vent emporte l'être et le fait participer au retour périodique des saisons : « Brusquement l'air fraîchit, le jour baissa tandis que se levait un vent glacial, bien que l'on fût au cœur de l'été »[194] : « Du jour au lendemain, l'automne semblait être brusquement arrivé »[195]. « La montagne et les arbres leur enseignaient les miracles des saisons »[196]. Le changement de luminosité signale un imperceptible changement : « La matinée était belle, la terre et l'atmosphère encore automnales avaient été effleurées par les premiers souffles de l'hiver et la limpidité un peu crue de l'air diminuait à mesure que le jour se levait »[197].

« Toute nouvelle Année est une reprise du temps à son commencement »[198]. L'homme ne fait que répéter l'acte de la Création : « son calendrier religieux commémore dans l'espace d'un an toutes les phrases cosmogoniques qui ont eu lieu *ab origine* »[199]. Le rêveur n'est pas éloigné de l'homme des sociétés archaïques : il faut remonter à la source de sa vie propre pour qu'elle s'épanouisse »[200]. Le présent offre des occasions d'éveiller l'un des grands désirs de l'homme : dans un souvenir d'autrefois, ce désir était réalisé. Le « retour aux sources » est une situation en rapport avec l'avenir ; il est, pour l'écrivain, la condition même de la création : « Je sens que je reprendrai une fois encore le chemin qui mène au plus profond de moi-même ;

---

193 D.E.K., 1918-19, p. 261.
194 P.C., 1914, p. 14.
195 Ibid., p. 17.
196 C.M., p. 79.
197 « Randonnée d'automne », 1905, in C.C., p. 156.
198 Mircea Eliade, *Le Mythe de l'éternel Retour*, p. 69.
199 Ibid., p. 35.
200 R., 1914, p. 259.

comme je l'avais fait à une certaine période de ma jeunesse, je prendrai des choses tirées de ma seule mémoire et de mon imagination ; je ferai des poèmes et tisserai des songes »[201].

Le symbole concret du caractère cyclique de l'année, c'est le phénomène naturel dont les phrases sont les plus marquées. La lune apparaît comme la première mesure du temps. « Que la lune ' mesure' et ' partage ' (...), les classifications archaïques le prouvent »[202]. Quatre phases de la lune (si on inclut la lune « noire »), le nombre quatre prévaut dans la littérature brahmanique[203]. On retrouve le nombre quatre dans le symbolisme du *swastika,* le nombre trois (trois phases de la lune) dans le *triskele*[204].

« Tétrades et triades lunaires peuvent encore se condenser en de simple dyades » qui mettent plus ou moins en évidence la structure antagoniste, dialectique, dont le drame lunaire constitue la synthèse[205]. Le Moi éternel (l'Atman des Indous, équivalent de Brahma) est « paisible et patient, tandis que l'autre (« subjectif ») parle haut et est plein d'impatience »[206]. Le « Traité du loup des steppes » est « un miroir fidèle » de l'attitude existentielle de Harry Haller, « tendue entre des polarités telles que nature et culture, instinct et intellect, bourgeoisisme et souffrance » [207]. Mais la popularité n'exclut pas la

201 D.E.K., 1918-19, p. 302.

202 T.H.R., p. 157. - « Une nuit de lune printanière, chaude et claire » (VI, p. 195) : calendrier lunaire.

203 Cf. id.

204 « *Vâc* (le « logos ») se compose de quatre parties (Rig Veda, I, 164, 45) ; *purusha* (« l'homme », le « macranthrope ») de même, etc. ». (id.).

205 S.A.I., p. 331.

206 H.H., p. 119.

207 L.M., p. 66.

coincidentia oppositorum[208]. À la mort et à la résurrection de l'astre lunaire se rattache le drame alchimique avec la figure centrale d'Hermès Trismégiste[209].

Pour les hermétistes, Hermès est essentiellement le Fils et le Christ. Trismégiste « figure centrale de l'alchimie, indique une triple nature et une triple action dans le temps. Il est le principe même du devenir, c'est-à-dire, selon l'hermétisme, de la sublimation de l'être ».

Sur une gravure tirée par Jung (*Paracelsica*) d'un manuscrit du XVIIème siècle, on voit Hermès-Mercure faisant tourner la roue à huit rayons qui symbolise le processus. Assimilé au Thot ou Toout égyptien, il aurait pour origine « dans le premier cas une racine qui signifie mêler, adoucir par le mélange ; dans le deuxième, rassembler en un seul, totaliser. Pour certains hermétistes Hermès serait à rapprocher de *erma*, la série, l'enchaînement, ou encore de *ormê* mouvement, lui-même issu de la racine sanscrite *ser* qui donne *sirati, sisarti* : courir, couler »[210]. L'état d'âme que le héros de *Rosshalde* connaît presque chaque jour est celui d'une « métamorphose continue » [211] . L'expérience de la coïncidence des contraires, universelle trouve son expression dans la figure de l'oxymoron : « sous ses cheveux d'un blond clair, l'enfant avait une expression à la fois tendre et obstinée »[212].

---

[208] Mircea Eliade a bien étudié cette *coincidentia oppositorum* qui se retrouve à divers étages mythiques, entre autres les mythes que l'on pourrait appeler, nous dit l'historien des religions, « mythes de la polarité » (S.A.I., p. 332).

[209] Cf. A. Faivre, « Visage d'H.T. », in *Présence d'H.T.*, Albin Michel, 1988.

[210] S.A.I., p. 347-8.

[211] R., p. 230.

[212] D.E.K., p. 310.

Isomorphe du mythe dramatique et cyclique, l'initiation est répétition du Temps maîtrisé, « transmutation d'un destin ». Les cérémonies initiatiques sont « des répétitions du drame temporel et sacré »[213]. – Dans de nombreuses légendes relatives aux « maîtres du feu », « les personnages sont infirmes, unijambistes, borgnes » et « rappellent probablement des mutilations initiatique »[214], « des prouesses de forgerons sorciers »[215]. « L'épiphanie négative du cycle lunaire et végétal est également assimilée avec fréquence par les théologies au retour à l'informe, au chaos ». Les pratiques de l'initiation « se relient ainsi tout naturellement aux *pratiques orgiastiques »*[216].

Dans *Le Voyage en Orient* (1932), l'accusé « se refusait à croire que sa désertion et son égarement fussent une épreuve »[217]. Il ne peut admettre qu'il faille accepter la destruction « pour réintégrer finalement cette matrice obscure d'où la divinité qui surpasse toute intelligence, fait naître à nouveau, en un cycle éternel, le monde des formes transitoires »[218]. Le symbolisme ophidien recèle « le triple secret de la mort, de la fécondité et du cycle ». Le serpent est l'animal qui se rapproche le plus du symbolisme cyclique du végétal. Le serpent est d'ailleurs « souvent conjoint à l'arbre. Peut-être faut-il voir dans cet assemblage caducéen la dialectique de deux temporalités : l'une, animale, emblème d'un éternel recommencement (...) , l'autre la végétale verticalisée en l'arbre-bâton - emblèmes d'un définitif triomphe de la

---

[213] S.A.I, p. 351.
[214] Mircea Eliade, *Forgerons et alchimistes, Flammarion,* 1956, p. 108.
[215] S.A.I., p. 353.
[216] ibid., p. 358.
[217] P. 143.
[218] "Klein et Wagner", 1918-19, in D.E.K., p. 186.

fleur et du fruit, d'un retour par-delà les épreuves temporelles et les drames du destin, à la verticale transcendance »[219].

Hermann Hesse « donne une âme » aux éléments du paysage « issus du chaos »[220]. Il faut comprendre que « Dieu ne nous envoie pas le désespoir pour que nous tuions, mais pour éveiller en nous une vie nouvelle »[221]. Mais le chaos veut être « reconnu, vécu, avant qu'il ne se laisse intégrer dans un ordre nouveau »[222].

L'homme des sociétés archaïques expérimente « l'état primordial, préformel, « chaotique » - état qui correspond dans l'ordre cosmologique à « l'indifférenciation » chaotique d'avant la création »[223].

Les orgies « gardent toujours des coïncidences précises avec les rites de régénération (la nouvelle année ») et de fécondité ». L'orgie a pour fonction « de rendre possible et de préparer le renouvellement », la régénération de la vie ; de même que l'immersion dans l'eau, elle « annule la création mais la régénère en même temps ; s'identifiant avec la totalité non différenciée, précosmique, l'homme espère revenir à lui restauré et régénéré, en un mot un « homme nouveau »[224]. Après le chaos, la submersion régénère la Création : cet âge de la Terre « s'était achevé par la sanglante Guerre mondiale. Compatissantes, les grandes eaux emportèrent tout ce qui déshonorait l'astre vieillissant »[225]. *Le Loup des steppes* retrace « l'histoire

---

219 S.A.I., p. 369.
220 HH, p. 52.
221 LM, p. 113.
222 HH, p. 110.
223 T.H.R., p. 302.
224 Ibid, p. 302-3.
225 "L'Européen", 1917, in S.E., p. 151.

d'une renaissance, d'autant plus impressionnante qu'elle s'ancre dans le chaos le plus intégral »[226]. Sauvés du désastre, animaux et êtres humains débordent « d'une joie profonde »[227].

Par la vertu de la magie imitative, l'homme acquiert la condition des semences qui se décomposent en terre, « abandonnant leur forme pour donner naissance à une nouvelle plante »[228]. La magie « dissipe les illusions. Elle nous libère de la plus pernicieuse de toutes, celle que nous appelons *le temps* »[229]. Comme l'élément tellurique, l'élément igné commande le changement : « Fondu au feu mortel d'un renouvellement, (le loup devait) changer, arracher son masque et recréer un moi nouveau »[230].

L'homme espère, au terme de multitudes vicissitudes, sa régénération, une re-naissance : « Quand je pense qu'il m'a fallu passer par tant de sottises, par tant de vices, d'erreurs, de dégoûts, de désillusions et de misères pour en arriver à n'être plus qu'un enfant et à tout recommencer »[231]. Mais le mal a été nécessaire à l'avènement du bien, ce que les parents du jeune Hermann, Johannes et Marie, ne pouvaient admettre : « Ni ses frasques, ni ses injures ne leur semblent la quête désespérée d'une unité perdue. Ils y voient des phénomènes proches de la possession »[232].

---

226 HH, p. 38.
227 « L'Européen », p. 152.
228 T.H.R., p. 302.
229 D.E.K., p. 286.
230 L.S., 1927, p. 50.
231 S., 1922, p. 145.
232 HHM, p. 83. - Dans *Le Loup des steppes*, Hermann ne s'adresse pas « à la catégorie des marginaux étiquetés comme tels mais à la part de marginalité inscrite en chacun de nous » (HH 111). Cf. infra, Hermès « en nous ».

La re-naissance doit s'accomplir puisque « la mort n'est qu'un adieu ». C'est pourquoi l'adolescent du *Curieux message d'une autre planète* insiste sur l'importance des fleurs lors d'un enterrement : « Celui qui est enterré sans fleurs, il lui sera interdit de renaître à la vie selon le désir de son cœur »[233].

> Les hommes aussi sont des fleurs,
> Ils reviendront tous
> Quand leur printemps s'annoncera.
> Alors ils ne seront plus jamais malades
> et tout sera pardonné[234].

Albert, le peintre, ne désire pas autre chose que « percevoir ces vibrations, ce courant de forces, cette chaleur secrète dans lesquels il s'anéantirait et s'abîmerait pour mourir et renaître à la vie »[235].

Il n'y a plus de distinction entre le temps et l'espace. Le vagabond « peut être tendre ou brutal, industrieux ou balourd, courageux ou poltron, toujours il est, dans son cœur, un enfant, toujours il vit dans un monde naissant, avant l'aube de l'histoire universelle »[236]. Telle est l'expérience des pèlerins du *Voyage en Orient* : « Ce flot de croyants et de fidèles s'écoulait vers l'Est, vers le berceau de la lumière, sans interruption ni répit, il était éternellement en marche à travers les siècles, en direction de la lumière et du miracle ». A-chronie et U-topie de ce printemps de l'âme : « Notre Orient n'était pas seulement un pays et quelque chose de géographique, c'était la patrie et la jeunesse de l'âme, il était partout et nulle part, c'était

---

233 CM, p. 41.
234 K., 1915, p. 101.
235 « Le Peintre », 1917, in SE, p. 164.
236 N.G., 1943, p. 239.

la synthèse de tous les temps »[237]. Itinéraire intérieur que le sage emprunte, « sur le modèle asiatique »[238].

Le cercle est le symbole de la totalité temporelle et du recommencement. Anselme vit au rythme des fleurs : « les perce-neige fleurissaient et se fanaient dans un cycle ininterrompu, et les violettes, les giroflées, les lys, les pervenches et les roses, plus belles et plus riches que jamais »[239]. Le *çakra* (çak = avoir la puissance d'agir ; *kra* = se mouvoir) indou, « la rose aux mille rayons », est l'emblème du devenir cyclique[240]. La roue se conjugue avec le symbolisme du char et du voyage. La liaison est facile à établir entre la roue et le char qu'elle porte ou le voyage qu'elle suscite[241].

Les dieux et les héros « fils », Hermès, Héraklès » sont de grands voyageurs. Le char constitue d'ailleurs une image fort complexe : « Il peut consteller avec les symboles de l'intimité, la roulotte et la nef». Le symbolisme de l'attelage, « de la mise au joug » vient surdéterminer souvent le symbole cyclique de fusion des contraires. Dans la *Gîtâ*,, le « conducteur du char » et Arjuna, le passager, représentent les deux natures, spirituelle et animale, de l'homme ; dans l'épopée védique, comme plus tard chez Platon, le char est le « véhicule » d'une âme à l'épreuve, « il porte cette âme pour la durée d'une incarnation ». Les conducteurs de char sont les messagers, les ambassadeurs symboliques du monde de l'au-delà ». « Ces chars flamboyants renvoient également au symbolisme du feu » ; ils sont « l'emblème

---

237 V.O., p. 35 et 52.

238 « La Maison des rêves », 1920, in P.C., p. 205.

239 CM, p. 128.

240 S.A.I., p. 372.

241 Cf. S.A.I., p. 277.

de la matière irradiée par l'esprit. Aussi cette part de lumière fait toujours quelque peu perdre la valorisation ténébreuse à l'animal qui tire le véhicule » ; sous la pression de la mythologie cyclique « la thériomorphie maléfique s'infléchit, comme s'infléchissait le rôle des ténèbres et de la mort »[242]. Le char se rapproche des techniques du cycle quand il fait porter l'accent mythique sur l'itinéraire : « il avait voyagé en chaloupe, dans des chars tirés par des boeufs, à cheval, à dos de mulet ; personne mieux que lui ne savait que notre ville et notre pays ne représentaient qu'une petite fraction de la terre »[243]. Il semble à l'adolescent que la vie chez ses parents consiste en un esclavage : il se glisse hors de la maison, « poussé par un besoin irrésistible d'affronter l'aventure »[244]. Il s'enthousiasme pour la « vie libre et pleine d'imprévu » des artistes[245]; des bohémiens : « Je découvris (...) des jeunes filles, qui me parurent être des gitanes ou une quelconque population nomade »[246], « je vais avec elle, oui. De but, je n'en ai pas. C'est une étrangère, sans foyer, à ce qu'il semble, peut-être une tzigane »[247] ; des ouvriers flotteurs qui « appartenaient manifestement à la catégorie des marginaux, des braconniers, des vagabonds, des nomades et le flottage aussi bien que les flotteurs n'étaient pas bien vus par les gardiens de l'ordre et de la morale »[248]. B. Lévy précise que Hermann Hesse dans *Le Loup*, s'adresse « à la part de marginalité inscrite en chacun de nous »[249]. En imitant les flotteurs, « on se sentait soi-même ouvrier flotteur,

---

[242] Ibid., p. 377-8.
[243] EM, 1927, p. 20.
[244] « Les belles années », 1916, in EM, p. 94.
[245] Ibid, p. 377-8.
[246] CM, p. 104.
[247] N.G., p. 98.
[248] « Plaisir du flottage », 1928, in SE, p. 231.
[249] HH, p. 111.

vagabond, nomade, on passait en silence devant les villes et les hommes, sans aucun port d'attache, on ressentait dans son cœur l'immensité de l'univers et la brûlure d'une étrange nostalgie »[250]. Le radeau est l'absolu de la maison sur l'eau comme la hutte est l'absolu du refuge (Bachelard) : « Et lorsque, aujourd'hui, je fais le compte et me demande en quoi consistait en somme le plaisir d'un tel parcours à bord d'un radeau, si je retranche les récriminations, les efforts, les intempéries, il ne reste que peu de chose. Mais ce peu de chose était merveilleux ; un glissement silencieux, rapide et excitant sur la rivière froide et bruissante d'écume, environné par le jaillissement de l'eau entre les troncs, un voyage qui ressemblait à un rêve (...) des moments fantastiques où l'on s'abandonnait à l'indicible et bienheureuse impression de vagabonder »[251]. « Ce qui fait avant tout courir le voyageur, c'est la recherche d'amour ou d'érotisme avec le sexe opposé, ou, si celui-ci se dérobe avec les paysages »[252]. Goldmund appartient à l'espèce des « Wanderer » solitaires qui abondent dans la littérature allemande[253].

Rebroussement et répétition entraînent l'imagination nocturne vers l'intégration des phases du cycle. Cependant, des expressions familières au mythe telles que chaos et création, des termes de la raison comme « préhistoire et évolution » n'impliquent pas, au fond, pour Hesse, une succession mais une simultanéité : « Le monde primitif n'était pas plus ancien que ne l'est

---

[250] « Plaisir du flottage », p. 233.

[251] Ibid. - *Le voyage en Orient*, dépeint un voyage allégorique». Il fait allusion « à l'identification de la quête du Graal avec un Orient mythique » (HH, p. 65).

[252] HH, p. 137.

[253] HH, p. 136.

“aujourd’hui”, il n’avait pas “été” : le monde primitif et le monde actuel étaient simultanés »[254]. Les philosophies de l’histoire inspirent à Hesse une « profonde défiance »[255].

Toutefois la profonde obsession du rythme, universelle, trouve à se sublimer dans la musique qui conjoint passé et avenir : « Elle joua quelques notes, cherchant à retrouver une mélodie oubliée et prêta l’oreille un instant à la résonnance expirante des cordes. Subtiles et évanescentes vibrations qui devenaient toujours plus délicates et plus irréelles ; ensuite il y eut des moments où elle ne savait pas si ces quelques notes résonnaient encore ou si le plaisir de l’oreille n’était plus qu’un souvenir »[256].

La musique est l’une des manifestations de l’harmonie des contraires à laquelle aspire l’artiste. Albert se rappelle : « son sentiment et son désir avaient été que s’établisse entre lui et le monde une relation, un courant de beauté et de force, qu’entre lui et le monde vibrât durablement quelque chose de fort et d’intime qui résonnerait comme une douce musique »[257]. Le violoniste de *Faldum* serre l’instrument contre lui et se met à jouer, « un timbre envoûtant, une sonorité si belle, si suave, si puissante » qu’elle évoque « le chant du paradis » et, le jeu du violon s’approfondissant encore « en intensité », en suavité, en beauté », soudain, l’artiste est enlevé « par les puissances invisibles » et disparaît dans les airs[258].

---

254 « De l’autre côté du mur », 1925, in SE, p. 206.
255 J.P.V., 1943, p. 205.
256 « La sonate », *1906*, in SE, p. 69.
257 « Le peintre », 1917, in SE, p.163.
258 CM, p. 74.

Il faut se tenir prêt à sentir entre soi et le monde « des oppositions et des harmonies nouvelles »[259] et, pour ce faire, passer vers « de nouvelles sources et de nouveaux abîmes de notre inconscient »[260]. Besoin de confiance qui se mêle à l'angoisse face aux visages du temps : « C'est sous la pression de l'angoisse, à cause d'une peur enfantine d'avoir froid, d'être seul et de mourir, que deux êtres se précipitent l'un vers l'autre, s'embrassent, s'étreignent, joue contre joue, se prennent, s'unissent et jettent dans le monde de nouveaux êtres humains »[261]. « Toute la poésie de Novalis pourrait recevoir une interprétation nouvelle si l'on voulait lui appliquer la psychanalyse du feu »[262]. Ce que Bachelard nomme le « complexe de Novalis » synthétiserait « l'impulsion vers le feu provoqué par le frottement, le besoin d'une chaleur partagée »[263]. « Eros transporté de joie s'approcha de Freya endormie. Brusquement retentit une violente détonation. Une étincelle brilla et courut de la princesse jusqu'à l'épée ; la chaîne et l'épée s'illuminèrent (...) Eros laissa tomber son arme, vola vers la princesse et baisa ses lèvres douces avec ferveur, « un baiser de feu »[264]. « Aucune des pratiques fondées sur le frottement, en usage chez les peuples primitifs pour produire le feu, ne peut être suggérée directement par un phénomène naturel »[265]. L'amour est « la première hypothèse scientifique pour la reproduction objective du feu »[266].

---

[259] LM, p. 207.
[260] JPV, p. 64.
[261] « Klein et Wagner », 1918-19, in DEK, p. 211.
[262] Bachelard, *La Psychanalyse du feu*, Gallimard, 1949, p. 68.
[263] Ibid.
[264] Novalis, *Henri d'Ofterdingen,* Aubier, p. 341-3.
[265] *La Psychanalyse du feu,* p.45.
[266] Ibid., 47.

Peut-être l'homme a-t-il appris à chanter « dans ce tendre travail »[267].

L'aboutissement de la rythmique sexuelle est la sublimation musicale : seul Mozart rend Hermann serein. En Castalie, « l'éducation musicale et musicologique est particulièrement poussée, car elle est révélatrice et formatrice de l'équilibre du monde »[268]. Influencé (?) par le docteur Lang, disciple de Jung, l'écrivain s'est ouvert à « la grande nuit cosmique » : celui qui habite « ces ténèbres » est « le plus universel et le plus vrai » de tous[269]. On s'explique ainsi que sa vie littéraire comporte « plusieurs facettes : romancier connu, il écrit une œuvre critique de plus de trois mille comptes rendus »[270].

« L'équilibre du monde » repose sur le rythme circulaire que sublime la musique. Le feu et la roue sont les modèles techniques de ce rythme. « La consommation du bois » par le feu est probablement « un rite de la régénération de la Végétation et du renouvellement de l'année car, dans l'Inde et dans l'antiquité classique, on brûlait un arbre au commencement de l'année »[271]. E. Burnouf (*Le Vase sacré*) relie le bois de l'arbre, la croix et le feu dans un contexte dont « le schème général est le frottement rythmique »[272] ; il a découvert « la détermination technologique du swastika » ; il fait remarquer que l'étymologie de *khristos* « oint » est *khrio*, « je frotte » ; le briquet de l'Inde védique se composait

[267] Ibid., p. 3.
[268] HH, p. 175.
[269] HHM, p. 229.
[270] HH, p. 6.
[271] Mircea Eliade, *Traité d'histoire des religions*, Payot, p. 264.
[272] SAI, p. 381.

d'une pièce inférieure en forme de croix et d'une partie supérieure mue par une courroie »[273].

La mythologie cyclique est rompue par l'imagination du végétal valorisé en raison de sa verticalité : il symbolise la croissance et la maturation : « Toute chose est en attente et se prépare, tout rêve et bourgeonne dans une tendre et ardente fièvre d'exister »[274].

Filiations végétale ou animale inclinent la production technique vers « une nouvelle modalité de la maîtrise du temps » ; le temps est vaincu parce qu'un progrès jaillit de la combinaison des contraires ». Ce progrès « justifie le devenir lui-même »[275].

Les « schèmes verticalisants » liés à l'arbre subliment son message symbolique : l'arbre n'est plus enfermé dans la « mythologie cyclique » à laquelle le vouaient son isomorphisme avec le « symbole agro-lunaire »[276] et son annexion par « le grand schème du frottement rythmique »[277], donneur de feu.

C'est, en effet, sous la forme d'un arbre géant que la traduction indienne représente le Cosmos[278] et, dans la *Bhagavad-Gîta* (XV, 1-3), non seulement l'Univers, mais aussi la condition de l'homme dans le monde[279].

---

[273] Ibid.
[274] « Mon enfance », 1903, in L.I., p. 42.
[275] SAI, p. 390.
[276] Ibid.
[277] Ibid., p. 392.
[278] *Traité...*, p. 236.
[279] Ibid.

La réciprocité cyclique est figurée par l'arbre renversé des Upanishads. L'arbre cosmique plonge ses racines dans le ciel et étend ses branches sur la terre[280].

On peut lire dans le *Livre des Elucidations* de Sohravardî : « Certaine nuit où il y avait du soleil, Hermès était en prière dans le temple de la Lumière ». Paradoxe « hermésien » qui rejoint celui de la *Katha-Upanishad* ou de la *Tabula Smaragdina* (*Table d'émeraude*) que citait l'alchimiste arabe Jâbir ibn Hayyân dans le *Second Livre de l'Elément de la Fondation* : « Tout ce qui est en bas est comme ce qui est en haut, et ce qui est en haut est comme ce qui est en bas, pour accomplir les miracles d'une seule chose »[281].

La roue et l'arbre cosmique appartiennent donc à la même constellation symbolique, l'arbre, comme colonne et comme flamme, verticalisant son message symbolique, et, en tant qu' « arbre renversé », caractérisant l'ambivalence du devenir cyclique. L'assemblage caducéen (bâton-serpents) où l'arbre est conjoint au reptile représente - entre autres - la dialectique des deux temporalités : l'éternel recommencement et le progrès. Les sandales d'Hermès s'ornaient d'ailes ainsi que son chapeau plat et sa baguette magique, le caducée. C'est l'Esprit-Mercure, conducteur d'âme, qui préside, chez Jung, à l'*individuation.* Jung confond volontairement (sous le même nom d'Hermès), le vieillard, symbole de l'inconscient, l'anima féminoïde et l'Hermès Trismégiste, c'est-à-dire « le plus grand », fils de sagesse.

---

[280] Cf. *Katha Upanishad,* (VI, 1), ibid. - *Yoga* = « maîtrise des sens » (racine *yog* ; cf.;latin *jugum*).

[281] Françoise Bonardel, *L'Hermétisme*, P.U.F., 1985, p. 13.

Présence d'Hermès en chacun de nous dans cette « guerre des dieux » qu'évoque G. Durand (*Figures mythiques et visages de l'œuvre*). Hermès fait partie de figures que, pour plus de commodité, les Européens désignent à l'aide de noms grecs (cf. le complexe dit « d'Œdipe ») manifestes ou latentes, qui ne sont pas le produit de souvenirs scolaires ou le résultat d'un phénomène d'intertextualité : « les ouvrages réellement emplis de la magie du mythe ne rappellent pas quelque chose qu'on a lu, mais qu'on a rêvé »[282]. Tous les dieux et les diables qui ont existé « sont en nous ; ils sont là comme possibilités, comme désirs, comme moyen de nous en sortir »[283]. Quant aux héros des mythes littéraires, Ulysse, Don Quichotte, Hamlet, Wilhelm Meister, ils proviennent de réinvestissements mythiques le plus souvent inconscients (cf. Mircea Eliade, *Images et Symboles*). Plus que représentants de leur époque, ce sont donc des êtres humains, « tout simplement. Ce qui constitue leur destin existe à toutes les époques, redevient possible en chacune »[284].

Hermès apparaît comme « un précipité dramatique et anthropomorphe de l'ambivalence, une traduction temporelle de la synthèse des contraires »[285], plutôt de leur coïncidence ou de leur conjonction. *Demian* est l'incarnation imaginaire du « démon » de Hermann, « génie protecteur » ou « recteur spirituel » (Jung) : Max Demian, « mystérieux et beau, railleur, suprêmement intelligent et mûr ». « Un dieu peut-être ? ou le diable ? L'un et l'autre à la fois sans doute. Et le timide Sinclair,

282 LM, p. 234.

283 Ibid., p. 139.

284 Ibid., p. 206.

285 SAI, p. 351.

vulnérable Abel, n'ayant jamais vécu que dans un monde, son aspect du monde, son aspect satanique »[286].

En effet, plus que la structure « mystique », adjectif auquel G. Durand donne son sens le plus courant « en lequel se conjuguent et une volonté d'union et un certain goût de la secrète intimité » [287], c'est la structure disséminatoire qui apparaît dans les images nocturnes étudiées. Le style de ces images est axé sur la cohérence des contraires.

L'harmonisation des contraires peut être placée sous le signe du vivant accord. *L'anima* se teinte de bleu ou d'or ; la Femme, idéalisée, « coïncide » ou se confond avec les images les plus englobantes. C'est ainsi que la mère de Martin « se tenait bel et bien vivante devant lui et elle était plus belle et plus jeune que ne la lui représentait sa mémoire ; elle avait même quelque chose d'une jeune fille, de sorte que lorsqu'elle l'embrassa, il rougit et n'osa pas lui rendre son baiser. Elle le regarda dans les yeux et son regard bleu et limpide l'inonda comme une lumière »[288] ; sa mère, le tenant par la main, « descendit la pente de la montagne pour pénétrer dans un paysage vespéral ; sa robe était bleue et pendant qu'ils cheminaient agréablement, sa mère disparut à ses yeux. Ce que cette robe bleue avait été se confondit avec le lointain bleu de la vallée » ; et, dans le « vallon bleuté », on entend les accords d'une « lointaine et délicieuse musique » [289]. L'hyperbole magnifie la quiétude : « il ne vit plus rien que ses grands yeux paisibles et, au-dessus d'elle, des masses d'étoiles dans un nuage d'or (...). Les étoiles

---

[286] HHM, p. 229-230.
[287] SAI, p. 308.
[288] « Un beau rêve », 1912, in S.E., p. 134.
[289] Ibid., p. 136.

commencèrent à chanter doucement dans les ténèbres bleutées » ; la tombée de la nuit ayant coïncidé avec l'arrivée de la jeune fille, « on ne vit plus rien qu'un ciel rempli de grandes et lumineuses étoiles »[290].

L'harmonie consiste en une organisation générale des contrastes : « Moi qui, si longtemps, avais vécu solitaire, j'appris à connaître la communauté qui est possible entre les hommes qui ont goûté le véritable isolement »[291]. La vie de chaque homme est « un chemin vers soi-même, l'essai d'un chemin, l'esquisse d'un sentier »[292]. Le sens est donné par la rencontre des sexes : « Aimer une femme, se donner tout à elle, l'envelopper tout en soi et se sentir tout enveloppé en elle, ce n'est pas la même chose que ce que tu appelles être amoureux, que ce que tu railles un tout petit peu. C'est pour moi la voie vers la vie et vers le sens de la vie »[293].

La cohérence sauvegarde les distinctions : par exemple, chez cette femme « d'une beauté étrangement disgracieuse » [294] ; ou chez Jacob qui « avait été un vaurien, un polisson, un voyou, ce qui n'exclut aucunement l'existence d'une nature géniale » [295] ; chez Gertrude, « joyeuse ou grave », dans « sa robe bleu clair »[296] ; voire chez cette « ravissante et gracieuse jeune fille aux formes un peu grêles » mais « robuste, agile et sûre d'elle »[297].

---

[290] Ibid., p. 137.
[291] D., 1919, p. 193.
[292] Ibid., p. 22.
[293] N.G., p. 99.
[294] « Garibaldi », 1904, in S.E., p. 44.
[295] « Le Choucas », 1951, in S.E., p. 276.
[296] G. 1910, p. 121.
[297] « Fragment tiré des souvenirs de jeunesse », 1907, in C.C., p. 178.

L'accord mesuré des temps forts et des faibles se retrouve dans l'imagination musicale : « Entre les deux mesures d'un morceau joué au piano, la porte de l'au-delà se rouvrit soudain pour moi ; je parcourus le ciel et vis Dieu à l'œuvre »[298]. Quelques notes d'un piano éloigné et « il me semblait que c'était ma sœur ou ma bien-aimée lointaine qui jouait. Pendant un moment, j'eus la sensation de comprendre le monde dans sa totalité à travers l'image que m'en donnaient les sons »[299].

Si l'existence prend fin avec l'adolescence et qu'elle « ne soit transformée, à défaut de grandes souffrances, d'expériences déchirantes et d'écarts désordonnés, en une symphonie de Beethoven, cette existence peut néanmoins avoir ressemblé à une petite musique de chambre de Haydn, ce que l'on ne peut pas dire de beaucoup de vies humaines »[300].

La mort, chez un sujet jeune, est « triste et misérable à voir » mais « une touche de beauté et de dignité était visible sur le nez, le front, les paupières et les traits pétrifiés, couleur de cire, étaient animés par un rayonnement magique. Les tempes d'albâtre délicatement bleutées et la courbure du front dégageaient une étrange lumière que je regardai fixement, sans savoir si elle m'attirait ou me repoussait »[301].

« Les suprêmes contradictions du monde, qui autrement ne peuvent s'accorder, ont scellé la paix » dans la figure de la Mère des choses et « y coexistent : naissance et mort,

---

[298] L.S., p. 34. - La musique repose « sur un accord subtil entre l'ombre et la lumière » (HHM 111).

[299] « De l'autre côté du mur », 1925, in S.E., p. 202.

[300] « Un beau rêve », 1912, in S.E., p. 133.

[301] « Souvenir d'enfance », vers 1900, in S.E., p. 13.

bonté et cruauté, fécondité et destruction »[302]. Au sein de la divinité, s'opère la totalisation des extrêmes : « Dieu représentait pour moi à la fois le Père, la Mère, l'homme et la femme, le soleil et la lune »[303].

La synthèse vise à la cohérence sauvegardant les distinctions[304]. « Toute musique est, en un certain sens, beethovénienne c'est-à-dire contrastée » ; les thèmes « ne restent jamais statiques mais se développent en s'affrontant » ; si la musique est « mariage harmonieux, elle n'en reste pas moins dialogue » ; elle ne se débarrasse jamais du drame : « drame religieux de la messe et de la cantate, drame profane de l'opéra » ; c'est ce contraste qui « fit taxer l'auteur de la Neuvième Symphonie d'incohérence »[305]. « Le dramatique musical déborde le microcosme des sentiments humains et intègre dans le contraste des sonorités le drame cosmique tout entier »[306]. Cette forme contrastante que l'on a repérée dans la musique constitue « l'ossature du drame théâtral » et peut-être tout l'art du roman et du cinéma[307]. G. Durand qualifie d'*historienne* cette structure qui a le pouvoir de se répéter. « Le mode de la pensée historienne est celui du toujours possible présent de narration, de l'hypotypose du passé »[308]. « La 'compréhension' en histoire ne vient-elle pas de ce fait que je puis toujours couler ma réflexion présente et la trame de ma méditation sous le fil des décades passées ? »[309]. Le narrateur de *Gertrude* constate : « Pendant mon voyage en chemin de fer, mon pays natal

---

302 N.G., p. 228.

303 E.M., p. 19.

304 HH, p. 127.

305 Cf. S.A.I., p. 403. – « La synthèse n'est pas comme la mystique, elle ne vise pas à la confusion des termes » (id.).

306 SAI, p. 404.

307 Ibid.

308 Ibid., p. 406.

309 Ibid.

reprit sa place en moi, réclama mon amour et ramena le flot des souvenirs d'enfance et de jeunesse à demi oubliés »[310] ; soudain « comme une étoile qui se lève, la musique dont j'avais été si longtemps éloigné m'entoura de sa lumière, mon cœur se mit à battre à son rythme, et tout mon rêve s'épanouit et s'imprégna de sa pureté retrouvée »[311].

Les images, les échos et les parfums de nombreuses, « très nombreuses fêtes des années écoulées refluaient, depuis le passé le plus lointain, jusque dans la chambre et l'heure présents »[312]. Quant à l'esprit de Piero, dans *Le Conteur* (1902), il revenait « aux heureuses contrées de sa jeunesse, comme si, dans les lumineux tableaux que le paysage lui présentait, il lui était donné de contempler une sorte de rétrospective de ses jeunes années, agréablement déployées devant lui » [313] . Le rêve de l'enfance se prolonge : « le monde m'appartenait, je vivais dans l'instant, tout s'ordonnait autour de moi comme pour un rêve magnifique » [314] . Tout était à la fois « réel et merveilleux ; la réalité et le surnaturel coexistaient, grandissaient familièrement l'un à côté de l'autre ; je jouais sur les deux tableaux »[315].

On voit s'accentuer les valeurs résurrectionnelles dans la figure de la Fillette, avatar de la Mère : Julie « doit avoir une fillette qui lui ressemble d'une façon surprenante »[316]. L'enfance est aussi un substitut de la vie antérieure ; elle

---

[310] p. 33.
[311] p. 26.
[312] « Deux histoires d'enfants pour la veillée de Noël », 1950, in SE, p. 261.
[313] F, p. 53.
[314] EM, 1927, p. 17.
[315] Ibid., p. 18.
[316] « Randonnée d'automne », 1905, in C.C., p. 142.

est euphémisation de la malédiction que constitue pour une âme le fait d'être incarnée. L'écrivain de *Rêve du poète* se demande quand il a déjà vu la fillette au « pied menu serré dans un soulier brun ». Cette image le regarde « par-dessus une immensité inimaginable, tant elle était profondément enfouie dans les replis de sa mémoire. Peut-être la portait-il en lui, depuis sa première petite enfance, perdue à jamais jusqu'à ce jour » [317]. L'enfant garde contact avec le pays d'âmes d'où il vient et porte la marque du Domaine qui fut le sien : l'En-deçà de la naissance. Dans *Mon enfance* (1903), Hesse rappelle le temps où il respirait « l'air pur et matinal de sa prime jeunesse » : « Les grandes personnes percevaient encore sur nos fronts lisses et purs ce souffle divin dont nous ne savions rien et dont nous avons perdu la trace »[318]. Le sourire qui s'épanouit sur les lèvres de l'enfant « vient d'ailleurs » ; c'est « le sourire voilé de la sagesse »[319].

Cette sacralisation de ce qui touche à l'enfance explique que, selon Hesse, « dans le domaine de la culture, une existence axée sur le seul présent et sur les nouveautés du jour est un non-sens insupportable, car la vie de l'esprit a pour condition première une référence constante au passé »[320], passé de l'humanité. Il ne s'agit pas d'adopter « chaque idéal culturel du passé » qui deviendrait « poison » si nous voulions l'adopter. Mais contempler les belles « réalisations culturelles de jadis », c'est « une jouissance qui est source de vie » [321]. En 1918, Hesse constatait que si « l'humanité avait progressée, c'était

[317] CM, p. 169.
[318] L.I., p. 44.
[319] E.M., p. 21. - Pour Hermann, l'humour est une manière de rester fidèle à l'enfance.
[320] « Esquisse... », 1927, in E.M., p. 47.
[321] LM, p. 120.

seulement dans des domaines qui ne le touchaient pas et qui lui paraissaient inutiles et superficiels, comme la construction de machines et d'armes pour la guerre, la transformation de la substance vivante en matière morte, de la nature en chiffres et en argent »[322]. Progrès matériel, régression dans le domaine spirituel : « On peut déceler dans l'ensemble de l'histoire universelle un développement et un progrès, mais aussi bien n'y voir que déchéance et absurdité »[323]. Change seulement, dans le monde, « ce qui fut toujours, justement, superficiel et aisément modifiable : l'opinion et la morale publique »[324]. L'optimisme de rigueur se pare tous les jours « de nouvelles photos de stars de cinéma et de nouveaux records » qui n'ont qu'une « valeur momentanée » : « ces photos et ces records ne durent qu'un jour, personne ne s'en inquiète puisqu'il en arrive toujours de nouveaux »[325].

L'hypotypose néantise « la fatalité de la chronologie[326]. Les images archétypales ou symboliques se relient les unes aux autres sous formes d'un récit : « C'est ce récit - hanté par les styles de l'histoire et les structures dramatiques - que nous appelons mythes »[327]. Dans le cas Hesse, nul doute que les récits de sa mère ont jeté « d'innombrables ponts entre la réalité et (sa) rêverie » à laquelle ils ont ouvert des « mondes variés » [328]; « je me suis largement abreuvé à la source des contes » [329]; « rien ne représente sous des traits plus doux et plus sacrés le monde prodigieusement riche de la vie

[322] « L'Homme aux livres », 1918, in S.E., p. 107.
[323] J.P.V., p. 87.
[324] LM 204.
[325] Ibid. 89.
[326] Cf. S.A.I., p. 410.
[327] Ibid.
[328] « Mon enfance », 1896, in L.I., p. 19.
[329] Ibid., p. 20.

enfantine que l'image de la mère racontant une histoire à l'enfant blond qui la regarde de ses yeux profondément étonnés en se serrant contre elle »[330].

Cependant les sensations suffisent à donner le sentiment d'étranges correspondances qui nous relient à un monde *fabuleux* (du latin *fabula*, récit) : « Ce qui remuait là-derrière, bruissement de feuilles, coups frappés par l'oiseau, tout cela venait d'un pays enchanté et fabuleux où les choses sont chargées de secrets et de significations multiples »[331]. Des paysages « de montagnes avec des prairies où des elfes dansaient à la clarté de la lune, des palais avec des reines vêtues de soie »[332] : le vent hurle aux oreilles « des paroles jamais entendues, des mots venus du fond des âges, pareils à des noms d'anciens dieux »[333].

Le récit de Hesse apparaît comme le résultat d'un effort pour adapter le diachronisme du discours au synchronisme des emboîtements symboliques[334], ce qui l'apparente au récit mythique. L'écrivain estime que ses premiers récits « suivaient bien sagement leur cours » même si « la lumière et les ténèbres, la joie et la tristesse, le bien et le mal, l'action et le sentiment, la foi et l'athéisme » n'était pas « aussi tranchés et compartimentés[335]. Par amour de la narration bien faite, il avait « plus ou moins déformé la plupart des événements et des expériences de sa vie » ; à partir de *Demian* jusqu'au *Voyage en Orient*, il s'éloigne « des voies de la bonne et belle tradition narrative » ;

---

330 Id.

331 « Mon enfance », in L.I., p. 55.

332 « Randonné d'automne », in C.C., p. 20.

333 Ibid., p. 139.

334 Cf. S.A.I., p. 416-417.

335 L.I., 1948, p. 176.

lorsqu'il essaie d'évoquer quelque épisode de sa vie, ce qu'il a vécu « devient, d'une manière presque surnaturelle, quelque chose de compliqué et d'opaque où se perçoivent des résonances et des significations multiples »[336]. Dans *Demian*, c'est « le domaine de l'amour et de l'âme du conte et du rêve »[337].

L'art du récit est sacrifié, selon Hesse, dans son œuvre, à « de plus hautes et de plus anciennes valeurs »[338]. Lorsque Hermann se trouve incapable de donner suite à ses projets littéraires, il ne s'agit pas d'impuissance passagère. Cette inhibition a « sa source dans la plus féconde exigence de vérité. En aucun cas Hesse ne tentera de mener le livre à son terme sous une forme qui ne lui serait pas dictée par une évidence intérieure »[339]. Redoublement des symboles et répétition des séquences traduisent des fins d'a-chronicité. Le rêve utopique que l'on projette dans l'avenir (cf. le « principe espérance », de Ernst Bloch) se ressent chez Hesse de la nostalgie des origines : « l'impression de lourde nostalgie et d'incurable souffrance humaine rejoignit l'univers transfiguré de la bienheureuse beauté ; au Paradis lui-même succéda le rêve humain du Paradis, non moins beau et brillant mais accompagné des profonds accords d'un regret inapaisable. Ainsi le plaisir de l'homme naît-il du plaisir de l'enfant ; le rire insouciant est passé, l'atmosphère est cependant devenue plus intime, et d'une suavité plus douloureuse »[340]. L'écrivain du *Rêve du poète* s'abandonne, pendant plusieurs jours, « au désir et au projet » d'écrire son rêve, qui lui semble surpasser toutes

---

336 Id.p. 177.
337 p. 173.
338 L.I., p. 176.
339 HHM 25.
340 « La sonate », 1906, in S.E., p. 73.

les œuvres poétiques des meilleurs poètes. Enfin il comprend qu'il doit « se contenter d' être un rêveur, un visionnaire, un authentique poète dans son âme » et que l'œuvre doit rester celle d'un simple romancier »[341].

Recherche du temps perdu et « réconciliation avec un temps euphémisé et avec la mort vaincue ou transmuée en aventure paradisiaque, tel apparaît le sens inducteur dernier de tous les grands mythes » [342] : « Toute hostilité disparaît, est vaincue, dès qu'on réussit à éliminer le temps de sa pensée »[343].

---

[341] CM, p. 177.

[342] S.A.I., p. 453. - Le sens du mythe « ne fait que nous renvoyer à la signification de l'imaginaire » (ibid.).

[343] LM, p. 191.

CONCLUSION

J'ai montré mes peintures à mon ami hindou[344] en le priant d'en choisir une pour lui. Il en prit une avec des arbres et un pont et me dit qu'il choisissait celle-là parce que, comme lui, je connaissais et aimais les arbres, que je comprenais leur langage et parce que le pont symbolisait à ses yeux la liaison entre l'Est et l'Ouest

(Hermann Hesse, lettre du 29 août 1922).

[344] Kalidas Nag, Bengali, professeur d'histoire à Calcutta (HHM 260).

Hesse affirmait que « beaucoup de grands esprits » l'entouraient pendant qu'il travaillait (lettre de janvier 1944). Parmi eux, sans nul doute, la figure de la grande femme blonde avec un visage aussi frais et naïf que celui d'une petite fille ». Il s'agit d'un réinvestissement du personnage légendaire de la Princesse qui rassemble les traits de la féminité bénéfique : « Nous avions l'impression qu'une princesse nous avait rendu visite »[345].

La femme ainsi euphémisée, puérilisée, appartient au mythe de l'Enfance éternelle qui se répète, se transmet, dégradé, de conte en nouvelle, par le bouche à oreille : « Comme je ne serais jamais devenu sans (ma mère), un fileur de rêves et un conteur de fables, il était juste qu'elle fût la marraine de ce conte enfantin »[346]

Comme dans nos vieux contes, le « roi très âgé compose avec le jeune héros de lumière qui descend « un large et bel escaliercomme s'il sortait d'un palais »[347].

On s'absorbe dans *Le Jeu des perles de verre* « comme on se plonge dans les livres issus des mythes religieux[348]. Et, dans *Un beau rêve*, comme dans nos vieux contes[349] et dans *Le Loup des steppes*, le « soi » jungien, le « recteur spirituel (Jung), est incarné par Hermine, Maria et Pablo, « personnages fictifs » qui « résonnent comme des voix intérieures » interrogent « la personnalité du Loup des steppes »[350].

---

345 « Première aventure », 1906, in SE, p. 78.

346 « Garibadi », 1904, in SE, p. 38

347 « Un beau rêve », 1912, in SE, p. 134.

348 HH, p. 121.

349 In SE.

350 HH, p. 169.

Quant à la musique, elle n'est pas de ce monde : « Il avait savouré quelques mesures d'une si céleste musique que sa mort était devenue nécessaire »[351]. Cette musique appelle à la mutation : « Il ferma les yeux et s'envola, saisi d'un doux vertige, jusqu'à cette route sonore et tracée d'avance, de toute éternité »[352], l'inversion soulignant l'appartenance de l'image au régime nocturne.

Puissance de l'infime, conjonction des contraires, importance accordée à la musique et au message écrit, ne suffiraient pas à composer la figure d'Hermès : il faut leur ajouter le rôle des métamorphoses qui permettent de remonter « jusqu'au pays sauvage de notre enfance » et de voir se confirmer « l'existence d'une pensée, d'une unité, d'un centre secret autour duquel nous avons, tantôt consciemment, tantôt sans le savoir, gravité toute notre vie »[353], paradoxe qu'illustre l'ensemble de l'œuvre de notre magicien.

Prégnance de l'image de la « récurrence », « ce qu'incarne Hermès *aggelos*, Hermès messager, Hermès, certes, dieu de la communication, mais, parce que dieu de la différence entre les communiquants ; dieu des carrefours, certes, parce que divinité des bornes, archétype du discours mais - comme Jung l'a montré, du « sens » de tout langage, littéraire ou musical[354]. Il est le médiateur qui joint en un « parcours » un monde à l'autre[355].

---

[351] *Un beau rêve*, p. 133.

[352] « Un beau rêve », p. 137.

[353] « Deux histoires d'enfants pour la veillée de Noël », 1950, in SE, p. 262.

[354] G. Durand, *Science de l'homme et tradition*, Berg International, 1979, p. 227.

[355] G. Durand, *Figures mythiques et visages de l'œuvre*, Berg International, 1979, p. 227.

Dédié aux « Pèlerins d'Orient », *Le Jeu des perles de verre* ne met donc pas un point final à l'œuvre de Hesse[356]. Cet ouvrage est une invite à poursuivre la réflexion après l'échec de « Knecht »[357].

HERMann hESse.

Hermès vit l'ensemble des choses : « ayant vu, il comprit, il avait la puissance de manifester et de révéler. Ce qu'il pensa, il l'écrivit ; ce qu'il écrivit, il le cacha en grande partie, en taisant avec sagesse et parlant à la fois, afin que toutes la durée du monde à venir cherchât ces choses »[358], ces choses que contient le « jardin nocturne » de Hermann Hesse.

---

[356] HH, p. 171.

[357] Ibid., p. 172.

[358] Edouard Schuré, *Les grands initiés*, Librairie académique Perrin, 1960 (« Le Livre de Poche », 1966, p. 163). Cf « les temps sont encore loin où nous saurons nous approprier à nouveau dans toute leur pureté les merveilleuses légendes du Moyen Age français, anglais et allemand » (HM, p. 178). Plus nettement nous nous détournerons dans le fond de nos coeurs de l'odeur de l'encens et celle des bûchers, plus vite nous seront rendues comme notre apanage les valeurs spirituelles intactes de ces siècles obscurs et de leur poésie » (ibid). - Cf. Paul Masson-Oursel, « L'homme des civilisations orientales », in *Pour un nouvel humanisme.* Rencontres internationales de Genève. Editions de la Baconnière, Neuchâtel, 1949, p. 69. L'élément le plus solide pour l'étude de l'homme est « la connaissance de nos traditions, de nos pensées, de nos convictions les plus profondes ».

EXTRAITS DE LA CORRESPONDANCE ÉCHANGÉE ENTRE HERMANN HESSE ET THOMAS MANN

A Hermann Hesse

3 janvier 1928

Le Loup des steppes m'a réappris à lire.

A Thomas Mann, Munich

Baden, début de décembre 1931

« Cet Etat (la République allemande) inconsistant, dépourvu d'esprit est issu du vide et de l'épuisement qui ont suivi la guerre mondiale. Les quelques bons génies de cette 'révolution' qui n'en était pas une ont été mis à mort avec l'assentiment de quatre-vingt-dix-neuf pour cent de la population ».

A Thomas Mann

21 avril 1933

« Il me semble que nous avons en commun cette expérience spirituelle qui consiste à devoir abandonner des idées aux quelles on s'était profondément attaché et qu'on a longtemps nourries de son propre sang ».

A Thomas Mann

Après la Pentecôte de 1933

« Je crois que mon individualisme de même que ma résistance et ma haine à l'égard de certaines attitudes et d'une certaine phraséologie allemande constituent des fonctions dont l'exercice est non seulement profitable pour soi-même, mais rend également service à mon peuple ».

A Thomas Mann

Fin de 1933

« La conception de mon plan qui existe depuis deux ans et qui concerne le jeu mathématico-musical de l'esprit est en train de s'étendre au point d'embrasser une œuvre en plusieurs volumes, voire toute une bibliothèque, projet d'autant plus beau et plus vaste dans le monde de l'imagination qu'il s'écarte davantage de la possibilité d'une réalisation ».

A Hermann Hesse

Küsnacht-près Zurich,
le 3 janvier 1934

« Votre travail en cours (*Le Jeu des perles de verre*) manifeste apparemment, à présent, une tendance à se fixer au stage d'un rêve qui se suffirait à soi-même, et à s'y épuiser à l'infini. Mais la vieille habitude de la mise en forme et de l'objectivation, l'instinct social et de communiquer se feront jour, dans ce cas difficile aussi, et si tous les rêves en fleur ne mûrissent pas, du moins le produit que vous réussissez péniblement à sauver conservera-t-il les traces heureuses de sa longue gestation. En définitive, la beauté se compose surtout de quelques-unes de ces traces de rêves audacieux qu'une œuvre d'art rapporte de sa patrie spirituelle ».

A Thomas Mann

12 mars 1936

« J'espère reprendre le pèlerinage en Orient sans cela, il serait vraiment difficile de subsister dans ce monde dépourvu d'esprit ».

A Hermann Hesse

Pacific Palissades, Californie, 1550 SanRemo Drive 8avril 1945

« Une telle prise de hauteur (dans *Le Jeu des perles de verre*) équivaut naturellement à l'ironie, qui malgré tout, de cet ensemble solennel et chargé de pensé, fait un malicieux badinage artistique ; et ici le comique prend sa source dans la parodie de l'élément biographique et de la gravité du chercheur ».

A Hermann Hesse

Même adresse.
25 novembre 1947

« On voit combien l'action de cette œuvre « incommensurable » (*Le Jeu des perles de verre)* est pure, haute, profonde, et l'on constate une fois de plus que rien, en somme, n'offre d'intérêt, sauf l'incommensurable ».

A Thomas Mann

Baden,
12 décembre 1947

« Bien des pages de votre livre (*Le docteur Faustus*) dans les quelles vous analysez la musique de Leverkühn m'ont fait penser à un personnage secondaire du *Jeu des perle de verre*, à Tegularius chez qui l'art de pratiquer ce jeu avait parfois une tendance à s'achever dans la mélancolie et l'ironie, bien que sa pensée ait suivi une voie qui semblait des plus légitimes ».

A Hermann Hesse

Même adresse.
14 octobre 1951

« Quelle excellente lecture, vraiment attachante – vos lettres ! Dès notre retour, j'ai pris le volume (*Briefe* 1951-1964) parmi cinquante autres accumulées ici (...) Tout cela est si réconfortant – émouvant dans son mélange de refus et de compréhension bienveillante, limpide par la langue comme par l'esprit (mais c'est sans doute la même chose), plein d'une sagesse douce et pourtant virile, obstinée, qui est la foi dans l'incroyance, la confiance dans le désespoir sceptique ».
N.B. – Les lettres de Thomas Mann ont été publiées chez Gallimard : 1889 – 1936, en 1966 ;
1937 – 1947, I en 1970 ;
II en 1970 ;
1948 – 1955, en 1973.

À PROPOS DU *VOYAGE EN ORIENT*

Zoroastre, Lao Tseu, Platon, Xénophane, Pythagore, Aalbert le Grand, Don Quichotte, Tristran Shandy, Novalis, Baudelaire ont été au nombre des fondateurs de notre ordre (V.O., p. 83)

L'un des personnages de Mircea Eliade (*Les Hooligans.* Editions de l'Herrne, 1987) souligne que l'homme, l'homme parfait n'est pas une abstraction et ne peut pas être une utopie. Que cela nous plaise ou non, cet homme parfait a existé plusieurs fois sur terre et nous n'avons aucune raison de penser qu'il ne réapparaîtra plus. L'homme parfait n'est pas un summum, il n'est pas un aboutissement. Il peut se révéler à n'importe quelle époque, bonne ou mauvaise. Il relève son apparition « juste après l'avènement du Christ », au début du XIXème siècle « mais également avant Jésus, à l'époque de Bouddha, par exemple, ou à celle des tragiques grecs… » (p. 167-8).

Hermann Hesse écrivait en 1931 : « Je crois aux lois de l'humanité, vieilles de plusieurs millénaires, et je crois qu'elles survivront à tous les troubles de notre époque » (lettre du 4 mai) et, en 1952 (avril), il signalait que les sources auxquelles il avait puisé ses connaissances appartenaient toutes à cette époque où l'humanité a montré « les plus grandes capacités dans le domaine de la pensée », entre le IXème siècle et le IVème siècle avant J.-C. « Les Upanishads, depuis I Ging jusqu'à Tschuang Tse, ensuite les philosophes grecs jusqu'à Socrate y compris, voilà à peu près le monde auquel je fais allusion. » (ibid.)

RÉFLEXIONS SUR L'ŒUVRE DE HERMANN HESSE…

« Hesse ne nous écarte jamais du cœur intérieur. Les formules mystiques, la ligne, toutes ces frappantes intellectualisations sont vides de sens, si on ne brûle pas intérieurement. Et la flamme est toujours là, dedans, dehors, tout autour de nous. Notre travail c'est de rester dans son feu » (Timothy Leary, *La Politique de l'extase,* Fayard, 1973).

« Le génie de Hesse est d'avoir su objectiver ses crises propres, d'avoir réussi à les exprimer en œuvre d'art dans lesquelles les autres hommes se sont immédiatement reconnus, par l'universalité du message que Hesse leur a communiqué, tel un Hermès de la condition humaine » (Edwin Casebeer. *Hermann Hesse. De Siddhartha* au *Jeu des perles de verre.* Traduction et présentation par Michel Meyer. Pierre Mardaga, Bruxelles, 1984, p. 17).

Hesse n'a pas recueilli l'assentiment des intellectuels « légitimateurs de configurations socio-politiques » (ibid., p. 8).

Hesse ne cessera jamais de placer la culture plus haut que tout et, par culture, « il faut entendre les formes suprêmes de l'esprit qui vise à l'unification du Tout et partant à une définition adéquate de l'homme dans le monde » ; ce souci de transcendance doit permettre à l'homme « d'accéder au soi, à l'unité de la personne par-delà tous les clivages » qui la conditionnent (ibid., p. 14). On pense au processus d'individuations, cher à Jung. Dans la réconciliation des opposés, il y a quelque chose « qui nécessite comme un retour à l'innocence de l'enfance où contemplation et action s'intègrent harmonieusement » (ibid., p. 19).

« Ces derniers jours, j'ai lu le soir dans la "Rundschau" la nouvelle de Hesse *Le Faiseur de pluie*, qui provient de ce grand ensemble de rapports qu'il a plusieurs fois traité. Elle est bien travaillée et parle du caractère primitif d'une manière humaine sans le magnifier. » (Thomas Mann, *Journal, 1918-1921 ; 1933-1939*, Gallimard, 1985, p. 367 ; 6 mai 1934)

BIOBIBLIOGRAPHIE

1877	Naissance de Hermann Hesse à Calw, ville du Wurtemberg ; il est le second enfant de Johannes Hesse et de Marie Gundert.
1891	Il est envoyé au séminaire de Maulbronn.
1892	Il s'enfuit du séminaire. Séjour à Bâle (*gymnasium*).
1892-95	Il exerce divers métiers (mécanicien, antiquaire, horloger à Calw).
1895	Apprenti dans une librairie.
1896	*Mon Enfance* (publié en 1948).
1899-1903	Libraire à Bâle.
1900	*Histoire de mon Novalis* (1948). *Journal* (1948). - *Souvenir d'enfance*. - *Le Colporteur*.
1901	Publication de son premier livre : *Ecrits et poèmes* de Hermann Lauscher. (Paru en 1900, daté de 1901).
1902	*Le Conteur*.
1903	*Peter Camenzind*. - *Mon Enfance II*. - *Hans Amstein*. - *Charles-Eugène Eiselein*. - *L'Hôtel de ville*. - *Le Nain Filippo*.
1904	Epouse Maria Bernouilli. – *Garibaldi*. - *Souvenir d'apprentissage*.
1905	*Le Compagnon serrurier*. - *Randonnée d'automne*. - *Les Frères du soleil*. - *Juin*. - *Wenkenhof romance juvénile*. - *Le Collégien*.
1906	*Le peintre Brahm*. - *Victime de l'amour*. - *La conversion de Casanova*.- *L'Ornière*. - *La Sonate*. - *Première aventure*.
1907	*La Scierie du marbrier*. - *Fragment tiré des souvenirs de jeunesse*.

1908	*Berthold. - Entre amis. - Fiançailles. - Ladidel. - Taedium Vitae. - Walter Kömpff.* - Cesco et la montagne. - Un nommé Ziegler.
1909	*Une Soirée sur le lac. - Wärisbühel. - L'Apprentissage de Hans Dierlamm. –* Retour au pays. Voyages (Indes).
1910	*Gertrude. - Villa « Pax ». - La Ville. - La fin du Dr Knölge.*
1911	*Histoires médiévales. - L'Homme qui voulait changer le monde. - Le Paon de Nuit.*
1912	*La Fiancée. - Un beau rêve. - Une soirée littéraire.*
1913	*Auguste.*
1914	*Rosshalde. - Le pavillon du conseiller Pressel. - Le Poète chinois. - L'Homme des forêts.* Engagé par le service civil de l'ambassade d'Allemagne à Berne.
1915	*Demian, sous le pseudonyme d'Emil Sinclair. - Knulp. - Le dernier été de Klingsor. - Klein et Wagner. - Ame d'enfant.* Ruiné, il se retire à Montagnola dans le Tessin (Suisse).
1916	*Le Cyclone. - Les belles années.*
1917	*Une petite ville d'autrefois. - Si la guerre durait encore deux ans. - L'Européen.*
1918	*Si la guerre durait encore cinq ans. - Le Peintre. - L'Homme aux livres.*
1919	*Le dedans et le dehors.*
1920	*La Maison des rêves.*
1921	*Regards sur le chaos.*
1922	*Siddhartha. - Le Verre magique.*
1923	*Tragique histoire.*
1924	Naturalisé Suisse. Second mariage.

1925	*Le Curiste. - De l'autre côté du mur. - Une petite ville touristique du Midi.*
1927	*Le Loup des steppes. - Enfance d'un magicien. - Esquisse d'une autobiographie.-*
1928	*Considérations. - Plaisirs du flottage. - A propos du loup des steppes.*
1929	*Une soirée chez Dr Faust. - Brève incursion dans le monde des nageurs.*
1930	*Narcisse et Goldmund.*
1931	Epouse Ninon Dolbin, née à Auslaender. - Entreprend la rédaction du *Jeu des perles de verre*.
1932	*Le voyage en Orient. - L'oiseau de Montagsdorf.*
1934	*La quatrième existence de Joseph Knecht. - Edmond.*
1939-45	Les Œuvres de Hesse sont interdites en Allemagne.
1942	*Poèmes.*
1943	Publication du *Jeu des perles de verre*, Essai de biographie du Magister *Ludi Joseph Knecht*.
1946	*Guerre et Paix* ; Prix Nobel de littérature.
1948	*La leçon interrompue. - Le Mendiant.*
1950	*Deux Histoires d'enfants pour la veillée de Noël.*
1951	*Le Choucas.*
1953	*Le petit ramoneur.*
1954	*Les métamorphoses de Pictor.*
1955	Prix de la Paix des libraires allemands.
1962	Mort de Hermann Hesse dans sa maison de Montagnola.

JUGEMENTS PORTÉS PAR H. HESSE SUR SON OEUVRE

Peter Camenzind

« Sitôt que j'abandonne la langue primitive et originelle du lyrisme et que j'essaie de m'exprimer par exemple dans la narration, je me sens perplexe » (lettre du 6 juin 1902).

Klein et Wagner

« Je me suis précisément occupé du meurtrier qui existe aussi en moi et j'ai tenté de l'introduire dans un récit périlleux et plein d'audace, peut-être afin d'en décharger momentanément ma propre conscience» (lettre de l'automne 1919).

Siddhartha

« Résume la connaissance intime que j'entretiens depuis bientôt vingt ans avec la pensée de l'Inde et de la Chine » (lettre du 29 août 1929) ;
« Siddhartha est tout entier une profession de foi en l'amour » (lettre du 4 mai 1931).

Le Loup des steppes

Les jeunes prennent très au sérieux tout ce qui, dans Le Loup des steppes, « évoque la folie de notre temps, mais ils ne voient absolument rien de ce qui est à mes yeux mille fois plus important et à quoi, de toute façon, ils ne croient pas » (lettre du 4 mai 1931).

« Il faut pouvoir remplacer le culte des idoles contemporaines par une croyance. C'est ce que j'ai toujours fait : dans *Le Loup des steppes*, cette croyance est représentée par Mozart, par les Immortels et par le théâtre magique : dans *Demian* et dans *Siddhartha,* d'autres noms désignent les mêmes valeurs » (même lettre).

« Ce n'est pas l'histoire d'un naufrage, mais celle d'une crise et d'une guérison » (lettre du 10 mai 1945).

Ceux qui composent l'entourage de Hesse, il les a dénommés, dans *Le Loup des steppes*, les « immortels » : « parmi eux se trouvent Bach et Jésus, Lao Tse et Bouddha, aussi bien que Giorgione, Corot ou Cézanne » (lettre de février 1953).

Le Jeu des perles de verre

« Je n'ai jamais pensé, en écrivant ce livre, à une utopie (au sens d'un programme dogmatique) ni à une prophétie, mais j'ai essayé d'évoquer quelque chose que je considère comme une des idées authentiques et légitimes dont on peut percevoir la réalisation à des nombreux moments de l'histoire mondiale» (lettre de janvier 1944).

« Au début, je me proposais avant tout et presque uniquement d'évoquer d'une manière tangible Castalie, la république des saints, le monastère laïc idéal, de cristalliser une idée ou, comme disent les critiques, une chimère qui existait et exerçait une influence pour le moins depuis le temps de l'Académie platonicienne » (lettre de 1949/50).

« Il m'est devenu évident que la réalité profonde de la Castalie ne pourrait se manifester d'une manière convaincante et visible que par l'entremise d'un personnage de premier plan, d'un héros et martyr spirituel, et c'est ainsi que Knecht fit son entrée au cœur du récit, personnalité exemplaire et unique (...) parce qu'avec le temps, Castalie et sa perfection retranchée du monde extérieur ne peuvent plus le contempler » (ibid.).

« Mes fictions ont toutes été composées sans qu'intervienne aucune idée préconçue, ni aucune tendance préalable. Cependant, lorsque après coup, je leur cherche un sens général, alors, sans hésiter, j'y trouve celui-ci : depuis *Camenzind* jusqu'au *Loup des steppes Joseph Knecht*, chacun de mes livres peut être interprété comme un plaidoyer (parfois un cri d'alarme) en faveur de la personnalité et de l'individu » (lettre de mars 1954).

Actes del col.loqui internacional sobre els valors heuristics de la figura mitica d'hermès, Universitat de Barcelona, 1985.

Bachelard (Gaston), *L'Air et les songes,* Corti, 1943 (A.S.).

L'Eau et les Rêves, Corti, 1942 (E.R.).

La Poétique de l'espace, P.U.F., 1957 (P.E.).

La Psychanalyse du feu, Gallimard, 1949.

La Terre et les rêveries du repos, Corti, 1948 (T.R.R).

La Terre et les rêveries de la volonté, Corti, 1948 (T.R.V).

Baudelaire *Œuvres complètes,* éd. Le Dantec, « Pléïade », 1954.

Présence d'Hermès trismégiste, Cahiers de l'Hermétisme, Albin Michel, 1988.

Casebeer (Edwin) *Hermann Hesse de Siddhartha au jeu des perles de verres,* Mardaga, 1972 (E.C.).

Durand (Gilbert) *Le Décor mythique de la Chartreuse de Parme,* Corti, 1961.

Figues mythiques et visages de l'œuvre, Berg International, 1979.

Science de l'homme et tradition, Berg International, 1979.

Les Structures anthropologiques de l'imaginaire, Bordas, 1969 (S.A.I.)

Eliade (Mircea) *Le Mythes de l'Éternel Retour,* Gallimard, 1969.

Traité d'histoire des religions, Payot, 1975 (T.H.R.).

Jung (C.G) *Psychologie et Alchimie,* Buchet/Chastel, 1970.

Lévy (Bertrand) *Hermann Hesse,* Corti, 1992 (H.H.)

Novalis *Henri d'Ofterdingen,* traduit par Marcel Camus, Aubier, 1946.

Rougemont (Denis de) *L'Amour et L'Occident,* Plon, 1939.

Schuré (Edouard) *Les grands initiés,* Le Livre de Poche, 1966.

Sénès (Michel et Jacqueline) *Hermann Hesse le Magicien,* Hachette, 1989 (H.H.M.).

Tristan et Iseut, renouvelé en français moderne par René Louis, Le Livre de Poche, 1981.

Articles

Magazine littéraire, Hermann Hesse, n°318, février 1994.

Deshusses (Pierre), « Hermann Hesse, ni gourou, ni prophète », in *Le Monde des Livres,* 8 avril 1994.

Grollier (Véronique), « *Siddhartha,* d'Hermann Hesse », in *L'Ecole des lettres,* II, n° 12, 1988-1989.

Grosrey (Alain), « Fonction de l'initiation et aspects de certains symboles et mythes hindous », dans *Le Loup des Steppes,* in *Recherches sur l'imaginaire,* Université d'Angers, n°13, 1982 (sous la direction de G. Cesbron).

Lepape (Pierre), « Le chant de l'oiseau magique », in *Le monde des Livres,* 8 avril 1994.

Mourra (Jean-Marc), « Deux voyages en Inde. *Siddhartha* de Hermann Hesse et *Un Barbare en Asie* de Henri Michaux », in *Roman 20/50*, n° 18, Lille, 1994.

Herzfeld (Claude), « Hermann Hesse, Souvenirs d'un Européen », *Cahiers du C.E.R.M.E.I.L.,* Narbonne, 2000.

« Hermann Hesse et le jardin nocturne », *Iris,* Revue du C.R.I., U. de Grenoble, 1990.

TABLE

Critique et études littéraires aux éditions L'Harmattan

Dernières parutions

MUSSET
La leçon des proverbes
Dufief-Sanchez Véronique
L'exemple concret de trois proverbes, un en vers, *Les Marrons du feu*, et deux en prose *Il ne faut jurer de rien* et *Il faut qu'une porte soit ouverte ou fermée*, permet de découvrir le théâtre en liberté que Musset a pratiqué à sa façon en inventant littéralement un nouveau genre littéraire : le proverbe. La gageure poétique et dramatique que tient ici Musset est de défaire le dire pour le refaire à neuf dans sa polyphonie.
(Coll. Critiques Littéraires, 16.50 euros, 170 p.)
ISBN : 978-2-343-05154-3, ISBN EBOOK : 978-2-336-36781-1

TRANSFORMER LE MONDE PAR LE LANGAGE
Entretiens avec Michel Butor
Biglari Amir, Butor Michel - Propos recueillis par Amir Biglari
Auteur d'une œuvre colossale, riche et diversifiée, Michel Butor est l'un des écrivains majeurs de la deuxième moitié du XXe siècle et du début du XXIe siècle. À l'occasion de ces séances d'entretiens avec Amir Biglari, Michel Butor, romancier, poète, essayiste, critique et témoin privilégié de la science littéraire de ces dernières décennies, aborde différents sujets en mettant l'accent sur maints détails inédits.
(23.00 euros, 232 p.)
ISBN : 978-2-343-05223-6, ISBN EBOOK : 978-2-336-36675-3

« JE SUIS UN VRAI DIABLE »
Dix essais sur Strindberg
Balzamo Elena
Plus d'un siècle après la mort d'August Strindberg (1849-1912), un des fondateurs du théâtre moderne, ses pièces continuent à fasciner le public, en Suède, et dans le monde entier. Leur célébrité occulte parfois les autres pans de son œuvre, car il était également romancier, poète, polémiste, historien, adepte des sciences et un épistolier inégalable. Ces essais projettent une lumière nouvelle sur son théâtre et ses œuvres phares : *Mademoiselle Julie, Le Songe, La Danse de mort...*
(Coll. Espaces Littéraires, 23.00 euros, 230 p.)
ISBN : 978-2-343-04438-5, ISBN EBOOK : 978-2-336-36694-4

MIRACLE DE JEAN GENET
Brami Brigitte
Inclassable et dérangeant, *Miracle de Jean Genet* n'est pas un ovni. C'est une exégèse sans les murs, sans l'académisme universitaire habituel. C'est un long poème écrit par une captive amoureuse aussi déjantée qu'érudite ; c'est une bombe littéraire sans retardement, tout comme on a parlé de la « bombe Genet » (Jean Cocteau) au sujet de l'auteur de *Miracle de la rose*. Le *Miracle de Jean Genet*, c'est celui de la poésie qui pulvérise tous les paradigmes éculés, fait voler en l'éclat les flicages quels qu'ils soient, y compris ceux de la pensée.
(Coll. L'écarlate, 19.00 euros, 198 p.)
ISBN : 978-2-343-04003-5, ISBN EBOOK : 978-2-336-36618-0

ÉCRIRE LA FAIM
Franz Kafka, Primo Levi, Paul Auster
Danflous Séverine
Préface de Jean-Yves Masson
Qu'est-ce qu'écrire la faim ? Comment la littérature peut-elle répondre à une situation aussi extrême que celle d'un homme qui meurt de faim ? Franz Kafka, atteint par une tuberculose, s'est condamné à changer sa souffrance physique et personnelle en texte. Primo Levi, lui, tâche de reconstruire les voix englouties dans les camps et d'en répercuter un son à travers son témoignage. Paul Auster, enfin, acclame le pouvoir d'une littérature qui laisse parler les ventres creux et les êtres abandonnés.
(22.00 euros, 222 p.)
ISBN : 978-2-343-04871-0, ISBN EBOOK : 978-2-336-36674-6

EXTRAVAGANCES
Écarts et normes dans les textes grecs et latins
Textes réunis par Paul-Augustin Deproost (éd.)
En son étymologie, l'extravagance est une errance, une sortie de route, comme le délire, elle trouve des résonances profondes dans l'imaginaire antique en perpétuelle tension entre l'écart et la norme. Voici explorées plusieurs manifestations de cette tension, essentiellement à travers le témoignage des textes littéraires (telles les aberrations des *Saturnales* ou l'omniprésence de la marginalité dans la mythologie et l'expression du sacré). Parallèlement à ce volet anthropologique, le concept d'extravagance est analysé dans les modes d'écriture antiques.
(Coll. Structures et pouvoirs des imaginaires, 35.00 euros, 338 p.)
ISBN : 978-2-343-04746-1, ISBN EBOOK : 978-2-336-36576-3

POÉTIQUE DE LA VOIX EN LITTÉRATURE DE JEUNESSE
Le racontage de la maternelle à l'université
Martin Serge
L'ouvrage emprunte la notion de «racontage» à Walter Benjamin et à son texte célèbre de 1936 : Le raconteur. Pour ce faire, il ouvre les études littéraires à un corpus destiné à la jeunesse. Aussi, cet ouvrage promeut-il une oralité de l'écriture trop souvent réduite aux paroles des personnages, en exigeant de reconfigurer la didactique de la littérature, trop assujettie aux vulgates narratologiques ou

moralisatrices. Il propose enfin de suivre le plus possible les voix de l'écriture et les expériences de lecture en refusant les cadres interprétatifs définitifs.
(Coll. Enfance et langages, 34.00 euros, 530 p.)
ISBN : 978-2-343-04813-0, ISBN EBOOK : 978-2-336-36747-7

ŒUVRE (L') DE JUAN JOSÉ SAER
Unité, cohérence et fragmentation
Laurent Pénélope
Préface de Milagros Ezquerro
Les textes de l'écrivain argentin Juan José Saer (1937-2005) construisent une œuvre unique à partir d'un processus typiquement balzacien, donnant l'impression de créer une comédie humaine. Mais la fragmentation, qui traverse l'ensemble du corpus, le rapprocherait du Nouveau Roman. La «Théorie négative» de Saer, qui lui permet d'écrire contre certains modèles perçus comme «totalitaires», s'articule de façon cohérente avec la place importante qu'il laisse au lecteur.
(Coll. Recherches Amériques latines, 18.00 euros, 186 p.)
ISBN : 978-2-343-04711-9, ISBN EBOOK : 978-2-336-36713-2

TERRITOIRES DES DEUX RIVES
Imaginaires et identités en Espagne et en Amérique latine
Hommage à Jean Franco
Sous la direction de Francisco Campuzano
Cet hommage à Jean Franco, composé de 22 contributions de chercheurs hispanistes et américanistes, se compose de deux parties, la première consacrée à la langue et à la littérature, la deuxième à l'histoire et aux sociétés. Quels sont les facteurs de changement ou d'évolution dans les périodes charnières ? Comment s'expriment les crises dans la création et dans les sociétés hispanophones ? Peut-on parler d'une esthétique du chaos dans la littérature écrite en espagnol ? Existe-t-il une écriture diasporique dans ces littératures ?
(35.50 euros, 350 p.)
ISBN : 978-2-343-04999-1, ISBN EBOOK : 978-2-336-36531-2

TRANSGRESSION ET IDENTITÉ AUTOFICTIONNELLE DANS L'ŒUVRE DE RACHID O.
L'Enfant ébloui, Plusieurs vies, Chocolat chaud* et *Ce qui reste
El Achir Khadija
Rachid O., auteur marocain francophone, exprime par son écriture le désir assouvi et le tabou homosexuel transgressé à travers les réminiscences de l'enfance, qui servent de filtre à son imaginaire d'écrivain. Rachid O. renouvelle le champ littéraire marocain en offrant une écriture dénuée d'artifice qui dit qui il est.
(Coll. Homotextualités, 14.00 euros, 140 p.)
ISBN : 978-2-343-04071-4, ISBN EBOOK : 978-2-336-36700-2

LITTÉRATURE FRANCOPHONE DU MAGHREB
Imaginaire et représentations socioculturelles
Ahnouch Fatima - Préface de Marta Segarra
La plus grande partie du présent ouvrage est consacrée à Assia Djebar. Les oeuvres de Leïla Sebbar, Leïla Houari, Rita El Khayat, Fatema Mernissi, Yasmine Chami

Kettani, Nabile Farès, Abdelhaq Serhane et Abdelkébir Khatibi y sont traitées à titre comparatif.
(Coll. Espaces Littéraires, 30.00 euros, 294 p.)
ISBN : 978-2-343-03988-6, ISBN EBOOK : 978-2-336-36690-6

CONTEXTES, EFFETS DE CONTEXTE ET DIDACTIQUE DES LANGUES
Sous la direction de Béatrice Jeannot-Fourcaud, Antoine Delcroix et Marie Paule Poggi
La contextualisation didactique en tant que champ émergent revisite les objectifs inhérents aux situations d'enseignements/apprentissage. Comment le contexte interagit-il avec l'acte d'enseignement ? Les réflexions se centrent sur l'ajustement de l'enseignement aux spécificités de l'apprenant. Comment identifier les paramètres qu'il convient d'intégrer dans le processus didactique ? Voici une approche contextualisée dans le domaine de la didactique des langues.
(Coll. Logiques sociales, 17.50 euros, 276 p.)
ISBN : 978-2-343-04049-3, ISBN EBOOK : 978-2-336-36569-5

DES PAROLES, DES LANGUES ET DES POUVOIRS
Romain Colonna (éd.)
Cet ouvrage explore la manière dont, dans des espaces sociaux diversifiés, le langage constitue un instrument de pouvoir, de non-pouvoir et de contre-pouvoir. Ces contributions s'efforcent de comprendre les processus sociaux complexes qui font du langage un terrain de lutte, de consensus ou encore de construction de la différence. À ce titre, langues et langages contribuent à structurer nos sociétés et les individus qui la composent, dévoilant alors les tensions et des rapports de pouvoir.
(Coll. Espaces discursifs, 26.00 euros, 252 p.)
ISBN : 978-2-343-04951-9, ISBN EBOOK : 978-2-336-36480-3

ARABE (L') MODERNE
Péripéties et enjeux
Sous la direction de Nejmeddine Khalfallah
Cet ouvrage propose une description diachronique de l'arabe moderne en continuelle mutation et en examine certains aspects structurels et sémantiques. Les auteurs y mettent en évidence les principaux facteurs qui ont déclenché son émergence, tels que la presse arabe, le renouveau de la littérature, l'apparition des médias transfrontaliers ou les enjeux géopolitiques grandissants. Ils étudient également les continuités et discontinuités de cet arabe médian sur les plans phonétique, morphologique, syntaxique et sémantique.
(40.00 euros, 424 p.)
ISBN : 978-2-343-04905-2, ISBN EBOOK : 978-2-336-36578-7

L'HARMATTAN ITALIA
Via Degli Artisti 15; 10124 Torino
harmattan.italia@gmail.com

L'HARMATTAN HONGRIE
Könyvesbolt ; Kossuth L. u. 14-16
1053 Budapest

L'HARMATTAN KINSHASA
185, avenue Nyangwe
Commune de Lingwala
Kinshasa, R.D. Congo
(00243) 998697603 ou (00243) 999229662

L'HARMATTAN CONGO
67, av. E. P. Lumumba
Bât. – Congo Pharmacie (Bib. Nat.)
BP2874 Brazzaville
harmattan.congo@yahoo.fr

L'HARMATTAN GUINÉE
Almamya Rue KA 028, en face
du restaurant Le Cèdre
OKB agency BP 3470 Conakry
(00224) 657 20 85 08 / 664 28 91 96
harmattanguinee@yahoo.fr

L'HARMATTAN MALI
Rue 73, Porte 536, Niamakoro,
Cité Unicef, Bamako
Tél. 00 (223) 20205724 / +(223) 76378082
poudiougopaul@yahoo.fr
pp.harmattan@gmail.com

L'HARMATTAN CAMEROUN
BP 11486
Face à la SNI, immeuble Don Bosco
Yaoundé
(00237) 99 76 61 66
harmattancam@yahoo.fr

L'HARMATTAN CÔTE D'IVOIRE
Résidence Karl / cité des arts
Abidjan-Cocody 03 BP 1588 Abidjan 03
(00225) 05 77 87 31
etien_nda@yahoo.fr

L'HARMATTAN BURKINA
Penou Achille Some
Ouagadougou
(+226) 70 26 88 27

L'HARMATTAN SÉNÉGAL
10 VDN en face Mermoz, après le pont de Fann
BP 45034 Dakar Fann
33 825 98 58 / 33 860 9858
senharmattan@gmail.com / senlibraire@gmail.com
www.harmattansenegal.com

L'HARMATTAN BÉNIN
ISOR-BENIN
01 BP 359 COTONOU-RP
Quartier Gbèdjromèdè,
Rue Agbélenco, Lot 1247 I
Tél : 00 229 21 32 53 79
christian_dablaka123@yahoo.fr

Achevé d'imprimer par Corlet Numérique - 14110 Condé-sur-Noireau
N° d'Imprimeur : 125565 - Dépôt légal : janvier 2016 - *Imprimé en France*